Die Freie Gemeinschaftsbank

Uwe Werner

Die Freie Gemeinschaftsbank

Ursprünge, Gegenwart und Perspektive einer ungewöhnlichen Bank

zbinden

Arbeitsweise. Man kann sagen, wir sind eine von einer Gemeinschaft «gewollte» und getragene Bank.

Neben unserem täglichen Bankgeschäft beschäftigen uns auch grundlegende Fragen: Wie können wir Geldprozesse bewusst durchdringen und die Rolle des anderen Menschen darin wahrnehmen? Wie können wir eine solidarische Wirtschaftsweise gestalten und mit Rudolf Steiners Anregung einer «Dreigliederung des sozialen Organismus» in drei voneinander unabhängige Bereiche – Kultur, Staat und Wirtschaft – konkret arbeiten? Zu diesen und anderen Themen engagieren wir uns in Publikationen und Veranstaltungen und freuen uns über die Möglichkeit, für Letztere einen eigenen Saal im Haus nutzen zu können.

Nach 33 Jahren, in jenem Jahr, in dem wir mit unserem Bank-Neubau einen großen Schritt vollzogen haben, erscheint uns ein Moment der Besinnung und des Rückblicks an der Zeit. Dazu soll dieses Buch dienen, das erstmals eine kurze Geschichte der Freien Gemeinschaftsbank von ihren Anfängen bis heute präsentiert.

Eine Reflexion ist vor allem dann wertvoll, wenn man daraus Erkenntnisse für die Zukunft ableiten kann. Wir möchten daher unsere Entwicklung Revue passieren lassen, um abschließend auf die wichtigsten Aufgaben zu schauen, die heute vor uns liegen.

Wir hoffen, dass wir mit diesem Rück- und Ausblick auch Sie für unsere Bank begeistern können – auf dem Weg zu einem transparenten Bankwesen, das dem Menschen dient.

Basel, im Oktober 2017

Rafael Spiegel, Präsident des Verwaltungsrats
unter Mitarbeit von Hildegard Backhaus Vink,
Marketing, Kommunikation und Organisation

Inhalt

1984 bis 2017
33 Jahre Freie Gemeinschaftsbank 41

SBB CFF FFS

R
Sissach

Einleitung

In der Meret-Oppenheim-Straße 10 in Basel, nahe dem Südausgang des Bahnhofs SBB, macht seit 2017 ein Gebäude durch seine ungewöhnliche Architektur auf sich aufmerksam. Hinter seiner organisch geschwungenen Fassade verbergen sich auf rund 1390 m^2 Nutzfläche eine Kundenhalle und Besprechungsräume, ein Saal für Veranstaltungen, die das geistig-kulturelle Antlitz der Bank prägen und weiterentwickeln sollen, sowie ein Tagungsraum im Dachgeschoss, wo auch eine Cafeteria zum Besuch einlädt. Es ist der Neubau einer ebenso ungewöhnlichen Bank, die in ihrem 33. Lebensjahr ihr neues Domizil bezogen hat, nachdem sie 18 Jahre in der zweiten Etage im «Unternehmen Mitte» im Zentrum der Basler Altstadt ihren Sitz hatte. Sie steht auf einem Grundstück der Stiftung Nutzungseigentum am Boden, deren Ziel es ist, Grundeigentum der Spekulation zu entziehen und an eine vereinbarte Nutzung zu binden.

Die genossenschaftlich organisierte Freie Gemeinschaftsbank gehört zu den kleinen Geldinstituten in der Schweiz. Rund 23 Mitarbeitende, fünf Verwaltungsratsmitglieder und 2400 Genossenschafterinnen und Genossenschafter gehörten 2017 zur Bankgemeinschaft. Die Bank arbeitet selbsttragend und ist nicht gewinnorientiert. Ihre Überschüsse dienen den eigenen Arbeitszielen. Die Genossenschaftsanteile sind grundsätzlich nicht rückzahlbar. Die Bank versteht ihre Aufgabe darin, dienende Mittlerin zu sein, was im Motto «Unterwegs mit Menschen» und in der Tatsache, dass

1. Neubau der Freien Gemeinschaftsbank in Basel, Frühling 2017 (vorhergehende Doppelseite).
2. Erstes Domizil in Dornach (links oben).
3. «Unternehmen Mitte» in Basel (links unten).

sie sich als Genossenschaft konstituiert hat, zum Ausdruck kommt. Sie strebt ein bewusst gepflegtes partnerschaftliches Verhältnis zwischen Bank, Kundschaft und Genossenschafterinnen und Genossenschaftern an. Der «andere», menschenwürdige und nachhaltige Umgang mit Geld wird als Herausforderung verstanden. Dies schließt spekulative Bankgeschäfte konsequenterweise aus. Die Arbeitsziele der Freien Gemeinschaftsbank orientieren sich an den menschenkundlichen und wirtschaftlich-sozialen Impulsen Rudolf Steiners.

Versuche Steiners, eine Bank als Organ eines assoziativ gestalteten Wirtschaftslebens zu Beginn der 1920er-Jahre ins Leben zu rufen, waren gescheitert. Erst in den Sechziger- und Siebzigerjahren des 20. Jahrhunderts wurden seine Thesen bei institutionellen Gründungen in Deutschland und in den Niederlanden erneut aufgegriffen. Aus der historischen Entwicklung resultiert das heutige Selbstverständnis der Freien Gemeinschaftsbank, wie es sich in ihrer konkreten Arbeit spiegelt. Sie gesellt sich damit zu den weltweit aktiven anthroposophisch orientierten Initiativen im Finanzwesen. Zu ihnen gehören die Cultura Bank (Norwegen), die Ekobanken (Schweden), die GLS Gemeinschaftsbank und die GLS Treuhand e.V. (Deutschland), Hermes (Österreich), Merkur (Dänemark), die Société Financière de la Nef (Frankreich) sowie die Triodos Bank (Deutschland und Niederlande). Wie diese ist sie Teil der internationalen Netzwerke ethisch orientierter Banken – dem Institute for Social Banking und der Global Alliance for Banking on Values.

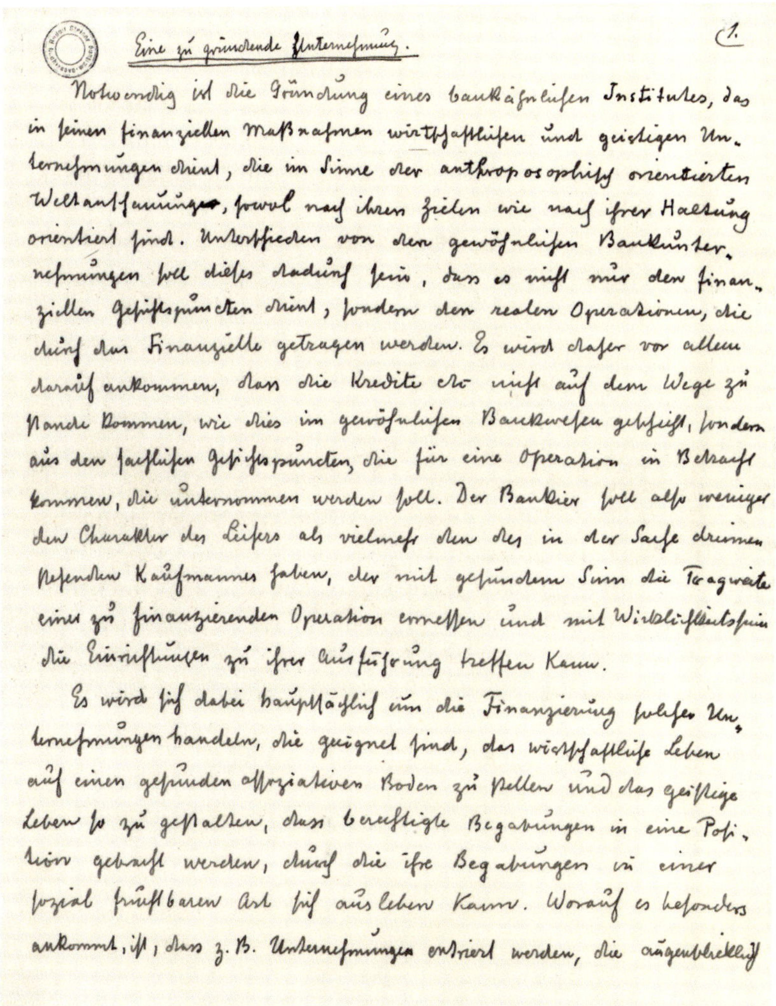

Eine zu gründende Unternehmung. 1.

Notwendig ist die Gründung eines bankähnlichen Institutes, das in seinen finanziellen Maßnahmen wirtschaftlichen und geistigen Unternehmungen dient, die im Sinne der anthroposophisch orientierten Weltanschauung, sowol nach ihren Zielen wie nach ihrer Haltung orientiert sind. Unterschieden von den gewöhnlichen Bankunternehmungen soll dieses dadurch sein, dass es nicht nur den finanziellen Gesichtspuncten dient, sondern den realen Operazionen, die durch das Finanzielle getragen werden. Es wird daher vor allem darauf ankommen, dass die Kredite etc nicht auf dem Wege zu Stande kommen, wie dies im gewöhnlichen Bankwesen geschieht, sondern aus den sachlichen Gesichtspuncten, die für eine Operation in Betracht kommen, die unternommen werden soll. Der Bankier soll also weniger den Charakter des Leihers als vielmehr den des in der Sache drinnen stehenden Kaufmannes haben, der mit gesundem Sinn die Tragweite einer zu finanzierenden Operation ermessen und mit Wirklichkeitssinn die Einrichtungen zu ihrer Ausführung treffen kann.

Es wird sich dabei hauptsächlich um die Finanzierung solcher Unternehmungen handeln, die geeignet sind, das wirtschaftliche Leben auf einen gesunden assoziativen Boden zu stellen und das geistige Leben so zu gestalten, dass berechtigte Begabungen in eine Position gebracht werden, durch die ihre Begabungen in einer sozial fruchtbaren Art sich ausleben kann. Worauf es besonders ankommt, ist, dass z.B. Unternehmungen entriert werden, die augenblicklich

4. Erster Abschnitt aus dem Manuskript Rudolf Steiners zur Gründung einer anthroposophischen Bank, verfasst im November 1919.

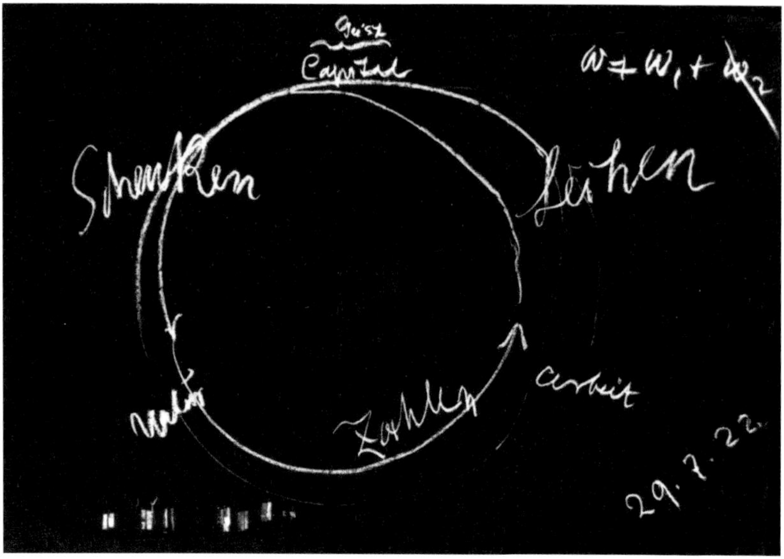

5. «Zahlen, Leihen, Schenken: Das ist tatsächlich eine Trinität von Begriffen, die in eine gesunde Volkswirtschaft hineingehört. Man hat eine gewisse Abneigung, das Schenken zum volkswirtschaftlichen Prozess zu rechnen; aber wenn es das Schenken irgendwo nicht gibt, so kann überhaupt der volkswirtschaftliche Prozess nicht weitergehen.»[1] (Kreislauf des volkswirtschaftlichen Prozesses in einer Wandtafelzeichnung Rudolf Steiners zu seinem Vortrag vom 29. Juli 1922 in Dornach.)

6. Rudolf Steiner, vermutlich 1914.

Rudolf Steiners Vorschlag eines bankähnlichen Instituts trägt Früchte

Oktober 1919 – eine Bank wird gegründet

Nach dem Ersten Weltkrieg herrschte in Deutschland gesellschaftliches Chaos. Im politischen Vakuum dieser Zeit gab es energische Versuche, den Dreigliederungsgedanken Rudolf Steiners zu verwirklichen, insbesondere durch die Gründung des Bundes für Dreigliederung des sozialen Organismus. Steiner sah zu jener Zeit große Gefahren für die Entwicklung in Deutschland heraufziehen, die er Mitte 1919 eindringlich formulierte:

> «Versteht sich der Mensch in Deutschland zu durchgeistigen, dann ist er der Segen der Welt; versteht er es nicht, dann ist er der Fluch der Welt. Heute stehen die Dinge so, dass zwischen rechts und links, wie auf der scharfen Schneide eines Rasiermessers, der Weg geht, der zum Heile der Menschen in die Zukunft führen wird.»[2]

Im Kontext der Dreigliederungsbewegung steht die Gründung der ersten Waldorfschule in Stuttgart im September 1919, in der Steiners Reformpädagogik ihre praktische Wirkung entfalten sollte. Wenig später machte Steiner auch seine ersten konkreten Angaben über eine Bank als vermittelndes Organ in einem Verbund wirtschaftlicher und geistiger Unternehmungen. Am 15. Oktober 1919 kamen einige Mitarbeiter mit der Frage zu ihm, was man darüber hinaus noch tun könne.[3] Rudolf Steiner übergab schon im November die in Aussicht gestellte Denkschrift über *Eine zu gründende Unternehmung*. Sie beginnt mit den Worten:

«Notwendig ist die Gründung eines bankähnlichen Instituts, das in seinen finanziellen Maßnahmen wirtschaftlichen und geistigen Unternehmungen dient, die im Sinne der anthroposophisch orientierten Weltanschauung sowohl nach ihren Zielen wie nach ihrer Haltung orientiert sind. Unterschieden von den gewöhnlichen Bankunternehmungen soll dieses dadurch sein, dass es nicht nur den finanziellen Gesichtspunkten dient, sondern den realen Operationen, die durch das Finanzielle getragen werden. Es wird daher vor allem darauf ankommen, dass die Kredite etc. nicht auf dem Wege zustande kommen, wie dies im gewöhnlichen Bankwesen geschieht, sondern aus den sachlichen Gesichtspunkten, die für eine Operation in Betracht kommen, die unternommen werden soll. Der Bankier soll also weniger den Charakter des Leihers als vielmehr den des in der Sache drinnen stehenden Kaufmanns haben, der mit gesundem Sinne die Tragweite einer zu finanzierenden Operation ermessen und mit Wirklichkeitssinn die Einrichtungen zu ihrer Ausführung treffen kann.»[4]

Zur Aktualität von Steiners Denken in wirtschaftlich-sozialen Zusammenhängen

Einige Gesichtspunkte machen verständlich, warum Steiners Anregungen nach mehr als 50 Jahren in anthroposophisch orientierte Bankgründungen eingeflossen und bis heute aktuell geblieben sind.

«Man richtet sich in Gedanken nach den Tatsachen, die doch der Gedanke beherrschen soll.»[5]

«Im sozialen Organismus ist es nicht möglich, die Entwicklung *objektiv* zu betrachten wie in der Natur. Man muss die Entwicklung *bewirken.*»[6]

Steiners Anliegen war, ein prozessuales Denken anzuregen, wie es von der Sache her gefordert ist. Anthroposophie soll – auch auf kaufmännischem Gebiet – als Praxis, nicht als ideologischer Überbau verstanden werden.

Offenbar sah Steiner die Aufgabe einer Bank darin, Wahrnehmungsorgan zu sein für Entwicklungsperspektiven, die von ihr mithilfe von Finanzierungsmitteln gefördert werden. Das berührt unmittelbar die Entwicklung des Einzelnen und der Gemeinschaft als die eigentliche menschliche Herausforderung. Rudolf Steiner ging davon aus, dass das Antisoziale im Menschen durchaus als zeitgemäße Notwendigkeit zu betrachten sei, um dessen Persönlichkeit zu entwickeln, daher keineswegs a priori als etwas «Böses». So *natürlich* aber das Antisoziale sei, so *notwendig* sei das Soziale. Beides verlange, in der gegenwärtigen Gesellschaft in einen *Gleichgewichtszustand* gebracht zu werden.

Für Steiner ist «der Grundnerv allen sozialen Lebens das Interesse von Mensch zu Mensch».[7] Er betrachtete es als unmöglich, ökonomische Begriffe zu durchdringen und eine wirklichkeitsgerechte Anschauung wirtschaftlicher Vorgänge zu gewinnen, wenn das Interesse am Mitmenschen nicht vorhanden ist.

Rudolf Steiner nahm Geld im Wirtschaftskreislauf in drei unterschiedlichen Qualitäten wahr, denen auch unterschiedliche Funktionen zukommen – als Kauf-, Leih- und Schenkgeld – und die im Bankwesen besondere Aufmerksamkeit verdienen.[8] In dieser Hinsicht ist die Bank mit ihrem Fachwissen und -können ein Ort praktischer Erfahrung sozialer Prozesse beim Durchführen von Geldbewegungen. Angesichts der egoistisch geprägten Entwicklungen in der Finanzwelt ist heute vielleicht mehr denn je eine individuelle Lernbereitschaft im Umgang mit Geld erforderlich.

Steiner trat für eine Bewusstseinsbildung ein, wie sie heute in dem zunehmenden Streben nach Transparenz in den Wertschöpfungsketten gesehen werden kann. So zum Beispiel in den Fair-Trade-Bewegungen, deren Ziel es ist, die Konsumenten mit den Produzenten zu verbinden, oder in den Protesten gegen die Ausbeutung der Menschen in Billiglohnländern, wo die produktionsbedingte Gesundheitsschädigung und Umweltzerstörung dem Konsumenten bewusst verborgen wird.

Initiativen in der zweiten Hälfte des 20. Jahrhunderts

Nach dem Zweiten Weltkrieg und der menschenverachtenden nationalsozialistischen Gewaltherrschaft zeigte sich der Wille, Gemeinschaft neu und anders zu gestalten – nämlich menschenwürdig. Artikel 1 des am 23. Mai 1949 verkündeten deutschen Grundgesetzes betrachtet den Schutz der menschlichen Würde als «Verpflichtung aller staatlichen Gewalt».

«Please help the children, they are without guilt!» Dieser Hilferuf der 1945 wiedereröffneten Freien Waldorfschule in Stuttgart wurde von den inzwischen entstandenen Schwesterschulen in den USA und von dem in Dornach gegründeten Verein *Freundeshilfe* gehört. Bald gab es Milch in den Schulpausen und warme Kleidung für die Kinder. In noch halb zertrümmerten Gebäuden, in mit Säcken statt Türen und Pappe anstelle der zersplitterten Fensterscheiben notdürftig eingerichteten Klassenzimmern wurde nur wenige Monate nach Kriegsende wieder mit Begeisterung unterrichtet. Ähnlich verlief die Neugründung heilpädagogischer und sozialtherapeutischer Einrichtungen oder die Neubelebung der biologisch-dynamischen Landwirtschaft und anderer anthroposophischer Bestrebungen.[9]

Eine praktische Ausrichtung hatten auch die Zusammenkünfte des sogenannten Heidenheimer Kreises, bei denen sich schon ab 1947 ein- bis zweimal jährlich anthroposophisch orientierte Unternehmer versammelten und in Gesprächen und Seminaren über innerbetriebliche soziale Bildungs- und Organisationsfragen austauschten. Diesem Kreis gehörte auch Alfred Rexroth an, der sich später bei der Gründung der Bochumer GLS Bank stark engagierte.

Es bildeten sich an vielen Orten Arbeitsgruppen und Arbeitsgemeinschaften, die die wirtschaftlichen und sozialen Ideen Steiners aufgriffen und die sich für ihre aktuelle gesellschaftliche Relevanz interessierten. Aus diesen Gemeinschaften entstand ab 1954 eine erste Welle von Publikationsorganen – Zeitschriften, die teilweise über Jahrzehnte, manche bis heute, herausgegeben wurden und werden und aus einem anthroposophischen Blickwinkel zu sozialwissenschaftlich relevanten Themen Stellung nehmen.

Eine zweite Gründungswelle dieser Art fand in den Siebzigern statt, nachdem Jahre zuvor bereits eine Protestbewegung ganz Westeuropa überzogen hatte, die gegen die erstarrten politischen und sozialen Verhältnisse rebellierte. Neben der Behandlung wirtschaftlicher Aspekte aus Theorie und Praxis bekam die anthroposophische Presse, die sich über den deutschsprachigen Raum hinaus erstreckte, auch eine politische Dimension, indem sie sich Fragen der sozialen Dreigliederung in ihrer gesellschaftspolitischen Relevanz widmete.[10] In diesem Zusammenhang tauchte 1973 in den Niederlanden mit dem *Triodosbericht* der Triodos Stiftung eine Zeitschrift auf, die zum ersten Mal in dieser Form die Idee einer anthroposophischen Bank verbreitete. Tatsächlich jedoch waren zu diesem Zeitpunkt die Vorbereitungen zur Gründung anthroposophisch orientierter Bankeinrichtungen in Deutschland und auch in England bereits weit fortgeschritten.[11]

Anthroposophische Ansätze dürften auch in einem breiteren gesellschaftlichen Rahmen durchaus auf fruchtbaren Boden gefallen sein und nicht nur durch ihren Beispielcharakter gewirkt, sondern auch generell zu eigenverantwortlichem Handeln ermutigt haben. So jedenfalls liest sich eine «Außensicht» auf anthroposophische Tätigkeiten im Beitrag von Joseph Huber vom März 1979 in der Zeitschrift *Kursbuch:*

> «Mir persönlich ging es mit der Anthroposophie wie im Märchen vom Igel und vom Hasen. Als linke Hasen rennen wir uns nach den sozialistischen Träumen die Hacken ab, und wenn wir wohin kommen, steht da oft ein anthroposophischer Igel und sagt: ‹Ätsch, ich bin schon da›: Hier ist ein klassenloses Krankenhaus, dort eine Genossenschaftsbank, da sind selbstverwaltete Kindergärten und Schulen, Verlage, alternative Heil- und Therapieeinrichtungen, Arzneimittelfabriken, biodynamische Landwirtschaftsbetriebe und anderes. Wo die Linke mit lautem Getöse relativ wenig erreicht, schaffen Anthroposophen im Stillen viel.»

Hubers abschließendes Fazit lautet: «Eine Sekte möchte ich sie nicht nennen, aber eine Subkultur. Viele von ihnen sind leicht konventionell, aber sie gehen nicht konform.»[12]

1961 – Gemeinnützige Treuhandstelle – Verwandlung ungenutzter Vermögenswerte in Schenkungen

Im Schulbeirat der Rudolf-Steiner-Schule Ruhrgebiet war Wilhelm Ernst Barkhoff – neben anderen Persönlichkeiten, die bald für seine Ideen wichtige Partner wurden – Gisela Reuther begegnet.[13] Beide hatten innerlich Feuer gefangen für das soziale Potenzial, das aus einer Gesinnung des Schenkens, einer Stimmung des Helfens im Umgang mit Geld entdeckt und freigesetzt werden könnte. Mit ihr zusammen arbeitete Barkhoff an «einem neuartigen Zusammenwirken von Arbeit, Können und Geld».[14]

Das Vorhaben fand mit der Gründung der Gemeinnützigen Treuhandstelle e.V. (GTS) im Juni 1961 seine institutionelle Konkretisierung. Sie sollte als Vermittler dienen zwischen Vermögenden, die ihr Geld gemeinnützig einsetzen wollten, und Initiativen die eine Finanzierung benötigten. Die Arbeit war anstrengend, weil sie hauptsächlich aus Gesprächen mit Menschen bestand, «die entweder zu viel oder zu wenig Geld» hatten. So formulierte es Rolf Kerler, der 1968 als erster angestellter Mitarbeiter hinzukam.[15] Oft ergaben sich Gestaltungsmöglichkeiten, die vorher nicht absehbar waren, erst aus den Gesprächen.

Die Treuhandstelle, die heute als GLS Treuhand e.V. unter dem Dach der GLS Bank weiterbesteht, war ein gemeinnütziger Verein, der die Arbeit seiner Mitglieder unterstützte. Sie glich insofern einer Stiftung, als sie mit Schenkgeld umging, hatte aber im Gegensatz zu Stiftungen keinen eigenen, auf ein oder mehrere Themen festgelegten Förderzweck. Geld neu denken wurde nicht als Theorie verstanden, sondern als Herausforderung, Methoden für die Praxis zu entwickeln. Dabei berief man sich auf die von Rudolf Steiner herausgearbeitete Unterscheidung zwischen Kauf-, Leih- und Schenkgeld und dessen jeweilige soziale Wirksamkeit sowie auf das Memorandum Steiners zur Gründung eines bankähnlichen Instituts. Deutlich war, dass Geld nicht von vornherein den einen oder anderen Weg nehmen *muss*, sondern dass der Mensch bewusst entscheiden kann, was dieses sichtbar-unsichtbare Medium bewirken soll. Darin liegt das Potenzial zur Befreiung des Menschen aus der Herrschaft des Geldes.

1966 – Gemeinnützige Kredit-Garantie-Genossenschaft – gemeinsam für andere bürgen

Angesichts der Vielzahl der Projekte, die an die Gemeinnützige Treuhandstelle im Laufe der Jahre herangetragen wurden, zeigte sich bald die Notwendigkeit der Kreditvergabe in Form von Leihgeld als ein nächster Schritt.

Die Gründung der Gemeinnützigen Kredit-Garantie-Genossenschaft (GKG) fand 1966 statt. Sie begann ihre Tätigkeit 1967, nachdem Alfred Lindemann, Direktor der Commerzbank Bochum, im Vertrauen auf deren Zukunftsfähigkeit maßgeblich dazu beigetragen hatte, dass eine Bankzulassung erteilt wurde.[16] In ihrem jetzigen Ausmaß war die Arbeit, wie sie bisher von Wilhelm Ernst Barkhoff und Gisela Reuther geleistet worden war, jedoch nicht mehr nebenberuflich zu bewältigen. So war es ein Glücksfall, dass man in Rolf Kerler einen Mitarbeiter fand, der als erster Angestellter bald auch die Leitung der GKG übernahm. Kerler hatte nach einer abgeschlossenen Banklehre und dem Studium der Volkswirtschaft und der Soziologie dem Berufsstand eines Bankiers eigentlich schon den Rücken gekehrt, als Barkhoff und Reuther mit ihm Kontakt aufnahmen.

Das Interesse an der Gemeinnützigen Kredit-Garantie-Genossenschaft war schon im ersten Tätigkeitsjahr beachtlich: Zwischen 1968 und 1969 stieg die Zahl der Genossenschafterinnen und Genossenschafter von 65 auf 550, das Geschäftsguthaben von 94 000 auf 364 000 DM und das haftende Eigenkapital von 139 000 auf 546 000 DM.[17] In den ersten Aufsichtsrat der GKG wurde unter anderem der Industrielle Alfred Rexroth gewählt, der schon seit geraumer Zeit mit Barkhoffs Initiativen verbunden war. Rexroth hatte bereits 1922 für den *Kommenden Tag* gearbeitet, jenem 1920 in Stuttgart ins Leben gerufenen Verbund von Wirtschaftsunternehmen, in dem Rudolf Steiners Dreigliederungsgedanke realisiert werden sollte. Seine Gründung resultierte aus der Einsicht, «dass das heutige, gewöhnliche Bankwesen im Laufe des 19. Jahrhunderts allmählich ein schädigendes Element geworden ist in unserem Wirtschaftsleben» (Rudolf Steiner).[18] Damit bildete Rexroths Biografie eine Brücke zwischen

Steiners Forderung nach Gründung eines «bankähnlichen Instituts» und den gegenwärtigen Bochumer Bestrebungen.

Rexroth hatte in seinem gemeinsam mit seinem Bruder geführten Unternehmen in Lohr an wichtigen Entwicklungen in der Hydraulik und in der Herstellung von Gusseisen mitgewirkt. Es war ihm ein Anliegen, Kulturinstitutionen mit Wirtschaftsunternehmen zu verbinden. Seine Industrie-Beteiligungen übertrug er an eine Kapitalverwaltungsgesellschaft. Die Gewinne sollten nicht mehr in private Hände fließen. Einen Teil davon ließ er regelmäßig der Gemeinnützigen Treuhandstelle zukommen.

Als das Unternehmen verkauft werden musste, weil die Investitionsanforderungen seine Möglichkeiten überstiegen, übertrug er den Erlös aus seinen Anteilen gegen eine Leibrente an die GTS. Aus diesem Vermögen wurden zahlreiche kulturelle Initiativen gefördert, so auch die Gründung der Freien Gemeinschaftsbank in Dornach.

1974 – Die GLS Gemeinschaftsbank e.G. – eigene Kreditvergabe wird möglich

Rexroth war mit seinem inneren und äußeren Engagement ein Beispiel dafür, dass das frühe Scheitern des *Kommenden Tages* im Jahr 1925 kein Grund war, es nicht nochmals – wenn auch in anderer Form – zu versuchen. Aber unter den älteren Anthroposophen, von denen manche dieses Scheitern miterlebt hatten, herrschte Skepsis gegenüber den Bochumer Plänen zur Gründung einer Bank.[19] Da der Westfälische Genossenschaftsverband jedoch die Rechtsform einer Bank empfohlen hatte, konnte im März 1974 die GLS Gemeinschaftsbank e.G. als vollkonzessionierte Genossenschaftsbank gegründet werden.[20]

Weil nun nicht mehr nur Kredite garantiert, sondern selbst vergeben wurden, stellte sich auch die Frage nach geeigneten Zinssätzen. Für Geldanlagen konnten statt der festgelegten Zinssätze auch weniger oder gar keine Zinsen vereinbart werden. Das war ein Novum. Die Kosten der Bank waren niedriger als bei herkömmlichen Geldinstituten, weil für die Genossenschaftsanteile keine Dividende gezahlt wurde.

Geld als Teil des sozialen Organismus begreifen

1976 bis 1984 – der Weg zur Freien Gemeinschaftsbank

Als Gisela Reuther im März 1977 in den Vorstand der Allgemeinen Anthroposophischen Gesellschaft berufen wurde, brachte sie ihre Erfahrungen aus Bochum mit nach Dornach. Verbürgen durch Leih- und Garantiegemeinschaften, Kredite und Schenkgeld treuhänderisch vermitteln und verwalten und eine Bank gründen, das waren von Anfang an ihre Ziele. Letzteres kam zunächst nicht infrage, da für eine Bankengenehmigung in der Schweiz noch die nötige Kapitalgrundlage fehlte. Für die Gründung einer Bürgschaftsgenossenschaft sprach, dass in ihr auch eine stiftungsähnliche Einrichtung, eine Treuhandstelle, und die Vermittlung von Darlehen, also bankähnliche Transaktionen, möglich wurden.

Aber «nicht um viel Geld war es uns also in erster Linie zu tun, sondern darum, dass möglichst viele Menschen die volkswirtschaftliche Notwendigkeit unserer Institution einsehen und durch ihr Mittragen die Keime gelegt werden können, die auf diesem Gebiet zu einem gesunden sozialen Organismus führen können».[21] Deutlicher kam das in der Formulierung des Zwecks der Genossenschaft zum Ausdruck. Dieser bestand in der «Förderung der dem Gedankengut Rudolf Steiners sich verpflichtet fühlenden Menschen und deren Institutionen, sofern ihre Vorhaben und Unternehmungen geeignet sind, der Allgemeinheit zu dienen».

Es dauerte kaum mehr als ein Jahr, bis ein Kreis von elf in anthroposophischen Initiativen tätigen Personen am 1. Juli 1978 die Bürgschaftsgenossenschaft zur Förderung freier Initiativen mit Sitz in Dornach gründete.[22]

Der Wert des einzelnen Anteilscheins an der Kapitalgrundlage der Bürgschaftsgenossenschaft wurde auf 300 Franken festgelegt, damit sich möglichst viele Menschen beteiligen konnten. Ein Mitglied hatte nur eine Stimme, konnte aber eine unbegrenzte Zahl Anteilscheine zeichnen. Privatpersonen, Personengesellschaften und juristische Personen im In- und Ausland konnten Mitglied werden. Die Anteilscheine wurden nicht verzinst.

Misst man das Vertrauen, das dieser neuen Einrichtung entgegengebracht wurde, an der Anzahl der gezeichneten Anteilscheine, die man als «Vertrauensbausteine» betrachten kann, so zeigte sich für diese ohne äußeren Werbeaufwand betriebene Initiative ein wachsendes Interesse und die zunehmende Bereitschaft, sich zu engagieren: Ende 1978 waren 37 Anteile im Wert von 11 100 Franken von 22 Mitgliedern gezeichnet, Ende 1979 hatten 202 Mitglieder 879 Anteile für 263 700 Franken gezeichnet, und Ende 1980 war die Zahl der Anteile im Gesamtwert von 365 400 Franken auf 1218 gestiegen, die Zahl der Mitglieder auf 227.

Die Genossenschaft konnte allerdings Einzelbürgschaften nur in Höhe von maximal 15 Prozent des Anteilscheinkapitals gewähren. 1979 waren das 24 000 Franken bei einem vorhandenen Kapital von 160 000 Franken. Im Unterschied dazu konnte eine Bank mit der Garantie der Bürgschaftsgenossenschaft bei diesem Kapital Kredite in Höhe von 1,6 Millionen Franken bewilligen. Das Eidgenössische Bankengesetz setzte für die Gründung einer Bank aber ein Anfangskapital von drei Millionen Franken voraus.

Das Problem der begrenzten Kreditvergabemöglichkeiten mangels einer eigenen Bank wurde zeitweise durch die Zusammenarbeit mit dem Schweizerischen Bankverein gemildert. Die Depots der Bürgschaftsgenossenschaft wurden von dieser Bank als so sicher angesehen, dass sie bereit war, das Zehnfache ihres Werts auszuleihen statt wie üblich nur das Achtfache. Außerdem zahlte die Bank für die von der Genossenschaft vermittelten Kredite und Einlagen eine sogenannte Beibringungskommission, die 1979 schon 16 000 Franken (1980 waren es 24 000 Franken) an Einnahmen für die Bürgschaftsgenossenschaft generierte.

Ende 1983, als es auf die Gründung einer Bank zuging, ergab sich folgendes Bild für die Bürgschaftsgenossenschaft:

- Genossenschaftskapital: 443 700 Franken (1479 Anteilscheine);
- Mitgliederbestand: 327 (davon 302 Privatpersonen und 25 juristische Personen).

Die Zahlen zeigen, dass sich in jenen Jahren bei den Schweizer Mitgliedern der Anthroposophischen Gesellschaft und am Goetheanum ein lebhaftes Interesse an dieser Genossenschaft entwickelte.[23]

Die Tätigkeit der Bürgschaftsgenossenschaft zur Förderung freier Initiativen (BfI)

Das Hauptanliegen der Bürgschaftsgenossenschaft war es, als Instrument der Zusammenführung von Leih- und Schenkgeld Initiativen zu dienen, die Finanzierungsbedarf hatten. Dabei zeigte sich bald, dass es manches «brachliegende» Geld gab, das durch die Existenz dieser Genossenschaft «in Fluss» gebracht wurde.

Eine Broschüre mit Vorschlägen zum «Leihen und Schenken» förderte die Vertrauensbildung. Bis Ende 1979 hatte die Genossenschaft Darlehen, Spenden und Schenkungen mit Rückfallrecht (rückzahlbar in Notsituationen des Schenkenden) von fast 400 000 Franken erhalten, wobei Wertschriften aus Schenkungen mit Rückfallrecht Einnahmen für die Genossenschaft generierten. Es wurden Darlehen von rund 220 000 Franken vergeben und außerhalb der bilanzierten Bewegungen für 428 000 Franken Treuhanddarlehen vermittelt.[24] Im Jahresbericht 1980 wird betont, dass jede Situation eine individuelle Antwort erfordere, wenn man nach partnerschaftlichen Lösungen suche. Ein weiteres Aufgabenfeld war auch die Zusammenarbeit mit anderen Institutionen und Initiativen wie zum Beispiel der Stiftung Waldo von Reichenau, die Grundstücke anthroposophischen Initiativen zur Verfügung stellte, dem Verein für ein anthroposophisch erweitertes Heilwesen oder der Arbeitsgemeinschaft für

Finanzierungen (AGF), die sich die Förderung der Rudolf-Steiner-Schulen im Basler Gebiet zur Aufgabe gemacht hatte. Neben dem Merkblatt *Leihen und Schenken* gab die Genossenschaft auch eine Broschüre mit dem Titel *Solidarische Mietzinssicherstellung mit der Bürgschaftsgenossenschft BfI* heraus.

Die Genossenschaft bereitete so in vielfältiger Weise den Boden für die angestrebte Bankgründung. Ab September 1980 tagte ein Arbeitskreis zu deren Vorbereitung. Er setzte sich aus Menschen zusammen, die sich zuvor schon mit der Arbeit der Bürgschaftsgenossenschaft verbunden hatten und von denen einige auch Berufserfahrung im Bankensektor mitbrachten:

- Gisela Reuther, Steuerberaterin, Initiantin der BfI und Vorstandsmitglied am Goetheanum (Dornach)
- Max Bänziger, Wirtschaftsprüfer (Baden)
- Hans Hasler, Heilpädagoge (Dornach)
- Werner Meyer, ehemaliger Handlungsbevollmächtigter einer Bank und späterer Liegenschaftsverwalter am Goetheanum (Reigoldswil)
- Rudolf Tanner, ehemaliger Vizedirektor einer Großbank (Dornach)
- Paolo Wegmüller, Bankprokurist (Zürich)
- Arnold Zeindler, Mitarbeiter am Goetheanum (Dornach)

Später kamen noch folgende Persönlichkeiten hinzu:

- ab Februar 1982 Annegret Drenkhahn, Mitarbeiterin der BfI und ehemalige Anlageberaterin einer Großbank (Zürich / Dornach)
- ab Februar 1982 Willi Schweighauser, ehemaliger stellvertretender Agenturleiter einer Großbank, später Gemeindeverwalter von Bottmingen
- ab März 1983 Carl Wunderlin, Staatsanwalt a. D. und Kriminalist

Das Wirken dieses Arbeitskreises war ehrenamtlich. Er leistete innerhalb von knapp drei Jahren eine beachtenswerte Detailarbeit hinsichtlich der Namensgebung, der Rechtsform, der Geschäftsbereiche, der Statuten und der Geschäftsordnung der künftigen Bank. Jede Sitzung begann mit einer intensiven Studienarbeit zu Fragen der Dreigliederung des sozialen Organismus und zu Zeitfragen. Am 14. Juni 1983 war es dann soweit, dass eine Bewilligung bei der Eidgenössischen Bankenkommission beantragt werden konnte. Hierzu waren schon im März 1981 und im Dezember 1982 erste Gespräche geführt worden. 1983 fand im Hinblick auf die geplante Gründung die Internationale Bankentagung in Dornach statt.

Gemeinnützigkeit und Wohlfahrt

Bei den Bemühungen, die steuerlich vorteilhafte Anerkennung der Gemeinnützigkeit der Genossenschaft zu erlangen, stieß man bei der Zulassungsbehörde auf Unverständnis. Es war ungewöhnlich, dass sich eine Genossenschaft nicht nur als Selbsthilfeorganisation verstand, sondern die mit ihr verbundene Bank darüber hinaus eine gemeinnützige Tätigkeit anstrebte. Das zentrale Problem bei der folgenden Auseinandersetzung bestand, wie sich bald zeigte, im unterschiedlichen Verständnis von Gemeinnützigkeit und Wohlfahrt.

Zunächst wurde die Anerkennung der Gemeinnützigkeit mit der Begründung abgelehnt, dass die Fördermaßnahmen der Genossenschaft ausschließlich anthroposophischen Unternehmen dienen sollten. Sinngemäß stimmte das sogar, weil es eigentlich die geförderten Einrichtungen waren, die dem Gemeinwohl dienen sollten, und die Tätigkeit der Genossenschaft das Kriterium der Gemeinnützigkeit somit nur indirekt erfüllte.[25] Die Berner Steuerbehörden forderten Ende 1982 sogar eine Emissionsabgabe für die Genossenschaftsanteile, als wären diese Aktien gleichzusetzen.

Die Bürgschaftsgenossenschaft wehrte sich in ihrem Schreiben vom 14. Januar 1984 gegen die Feststellung der Behörde, dass die Bürgschaftsgenossenschaft «anthroposophische Sonderinteressen» verfolge, indem sie nur solchen Initiativen helfe, die sich einem «anthroposophischen Dogma» verschrieben haben. Ein solches «Dogma» gebe es nicht, und Hilfe werde nur solchen Einrichtungen gewährt, deren Tätigkeit der Allgemeinheit zugute kämen. Die gesetzliche Voraussetzung: «Die Entfaltung altruistischer Fürsorgetätigkeit zum Wohle der Allgemeinheit oder hilfsbedürftiger Dritter unter Verzicht auf die Wahrnehmung eigener Vorteile» treffe auch auf die Tätigkeit der Bürgschaftsgenossenschaft zu.

Wie die eidgenössische Steuerverwaltung in Bern den Begriff der Gemeinnützigkeit definierte, entsprach einer Auffassung von Wohlfahrt und Fürsorge, bei der die Not der Bedürftigen gemildert wird, ohne deren Ursachen anzutasten. Unmissverständlich ausgedrückt hatte dies der Schweizer Pädagoge Heinrich Pestalozzi: «Wohltätigkeit ist das Ersäufen des Rechts im Mistloch der Gnade.»[26] Almosen anstelle des Rechts auf ein menschenwürdiges Leben? Diese verändern die herrschenden Verhältnisse nicht, sie sind keine Erneuerung, um die es eigentlich geht.

Nach Steiners Soziallehre erfährt der Begriff der Wohlfahrt einen Bedeutungswandel im Sinne sozialer Verantwortung. Steiner sah das soziale Drama eben in der Tatsache, «dass unsere Einrichtungen oder die uns umgebenden Verhältnisse auf den *persönlichen Eigennutz* aufgebaut sind».[27] Der Egoismus als Teil der menschlichen Natur führe dazu, dass man in der Praxis schließlich diejenigen gesellschaftlichen Einrichtungen für die besten hält, durch die der Einzelne seine Bedürfnisse am besten befriedigen könne. Damit wäre dann auch der menschlichen Gemeinschaft am besten gedient.

Berücksichtigt man dies beim Umgang mit Geld, ist es von Bedeutung, in einem solidarischen Miteinander die Interessen aller Beteiligten in ein Gleichgewicht zu bringen. Es kann nicht mehr nur darum gehen, den materiellen «Wohlstand» des Einzelnen zu steigern. Kreditgebende und Bank müssen sich mit den Darlehensnehmern und ihrem Vorhaben verbinden. Dadurch gewinnt auch der Begriff der Genossenschaft, den die Bürgschaftsgenossenschaft, bald aber auch die zu gründende Bank als Rechtsform wählte, eine neuen inhaltlichen Aspekt.

Entscheidend für alle Beteiligten war die Erfahrung, dass es ihnen in den 1980er-Jahren auf der Grundlage von Rudolf Steiners Ausführungen *tatsächlich* möglich wurde, außerhalb des herrschenden Systems Orte zu bilden, an welchen der Umgang mit Geld mit einem verwandelten Bewusstsein über dessen soziale Wirksamkeit neu gestaltet wurde. Aus dieser Erfahrung heraus, «etwas tun zu können», erwuchsen auch Begeisterung und Mut, diesen Weg zu gehen.

Zu bedenken ist, dass mit den Bestrebungen der Bürgschaftsgenossenschaft wie auch der späteren Bank kein exklusiver Anspruch verbunden ist, Steiners Ideen in der allein gültigen Form umzusetzen. Rudolf Steiners Werk steht allen zur Verfügung, und es entspricht seinen Intentionen, dass es eine größtmögliche Wirksamkeit entfaltet. Gelingen kann dies jedoch nur dort, wo bestimmte soziale Voraussetzungen erfüllt sind.

26. Januar 1984 – Die Bewilligung durch die Eidgenössische Bankenkommission Bern

Einer der wohl entscheidendsten und interessantesten Vorgänge im Hinblick auf die Gründung der Bank war die Auseinandersetzung mit der Eidgenössischen Bankenkommission (EBK)[28] um die Bewilligung der Rechtsform einer Genossenschaft.

Schon seit Jahrzehnten hatte die EBK nur noch die Rechtsform von Aktiengesellschaften zugelassen.[29] Das damalige Bankengesetz sah vor, dass Handelsbanken nicht in der Gesellschaftsform einer Genossenschaft errichtet werden. Am 10. Dezember 1982 beschied daher die EBK, dass sie dieser Rechtsform für die geplante Gemeinschaftsbank nicht zustimmen könne. Der Staatsrechtler Carl Wunderlin, der sich dem Arbeitskreis zur Bankengründung angeschlossen hatte, wollte sich damit jedoch nicht zufriedengeben und arbeitete eine überzeugende Argumentation für die Eingabe an die EBK vom 14. Juni 1983 aus, die dieser keine andere Möglichkeit ließ, als ihre Zustimmung zu geben.[30] Ein Auszug aus Wunderlins Schreiben zeigt seine prägnante Argumentation:

«Zur Hauptsache wird die Gemeinschaftsbank Darlehen zur Finanzierung von der Allgemeinheit dienenden Einrichtungen gewähren, die durch Bürgschaften gedeckt sind. Von einem risikoreichen Geschäft kann im Hinblick auf die verlangten Sicherheiten keine Rede sein. Blankokredite sind die Ausnahme. Wechsel-, Börsen-, Spekulations-, Repro-, Diskont- und ähnliche Kredite sind ausgeschlossen. Das Gewinnstreben der Bank beschränkt sich darauf, die Passivzinsen für die Einlagegelder und die Spesen zu decken sowie nötige Rückstellungen anlegen zu können; eine Verzinsung der Anteilscheine ist ausgeschlossen. In Tat und Wahrheit steht die Gemeinschaftsbank in bewusstem und gewolltem Gegensatz zur gewinnstrebigen Aktienbank; sie ist durchaus zu vergleichen mit den als Vorbild einer echten Genossenschaft genannten Instituten, mit dem einzigen Unterschied, dass sie nicht die Kreditnot der gewerblichen und bäuerlichen Bevölkerung beheben will, sondern die an sich davon nicht verschiedene Kreditnot gemeinnütziger und der Allgemeinheit dienender Institutionen.

Während die Raiffeisen- und Schulze-Delitzsch-Kassen Selbsthilfeorganisationen im engsten Sinne darstellen, wird dieses Prinzip der Selbsthilfe von der Gemeinschaftsbank in umfassendem Sinne aufgegriffen. Die im umfassenden Sinne auf alle Lebensfelder und nicht nur auf einen Berufsstand gerichtete gegenseitige Hilfe darf aber nicht dazu führen, der Gemeinschaftsbank nur aus diesem Grunde das Genossenschaftsstatut zu verweigern. Die Gemeinschaftsbank mag zwar keine Genossenschaft im engsten Sinne sein. Theorie und Praxis anerkennen jedoch durchaus und vorbehaltlos den Begriff der gemeinnützigen Genossenschaftsbank, die nicht wirtschaftliche Interessen der Genossenschafter selbst, vielmehr eines weiteren Kreises von Drittpersonen fördern und sichern will; wer einer solchen Genossenschaft als Genossenschafter beitritt, tut das nicht aus materiellen und egoistischen Gründen, sondern essenziell aus altruistischen Beweggründen. Der gemeinnützige Typus der Genossenschaftsbank ist gekennzeichnet durch den Verzicht der Genossenschafter auf materiellen Nutzen, auf Verzinsung der Anteilscheine, auf Betriebsgewinne. Auf Grund ihrer Statuten und des Geschäftsreglementes gehört die Gemeinschaftsbank ohne jeden geringsten Zweifel zu dieser Art von absolut zulässigen, gemeinnützigen, echten Genossenschaftsbanken.»[31]

Entscheidend ist, dass Wunderlin den – von den Steuerbehörden im Januar verweigerten – gemeinnützigen Charakter der Bürgschaftsgenossenschaft hervorhob und begründete. Er fügte noch hinzu, indem er einen Rechtskommentator zitierte, dass «es geradezu stoßend» wäre, gemeinnützige Bankgenossenschaften für unzulässig zu erklären, während nach Gewinn strebende Handelsbanken, die schon vor dem 1. März 1935 tätig waren, weiterhin in dieser (genossenschaftlichen) Rechtsform bestehen dürften.

Er zeigte sich auch darin als ausgezeichneter Kenner der Materie, dass er hinsichtlich der Sorge der Vertreter der EBK, die Genossenschaftsform garantiere keine sichere Kapitalgrundlage, hervorhob, dass das Gesetz gar kein Grundkapital für Genossenschaften vorsehe. Doch ging er auf diese auch seiner Meinung nach wirtschaftlich berechtigte Sorge ein, indem er darauf hinwies, dass die Gemeinschaftsbank trotz der Genossenschaftsform ein Mindesthaftungskapital von drei Millionen Franken von Anfang an garantiere und dieses Haftungskapital auch nicht unter diesen Betrag sinken lassen werde. Außerdem würden Anteilscheine nicht zurückgezahlt. Die EBK hatte einen Betrag von vier Millionen gefordert. Da die Bank aber keine risikoreichen Geschäfte beabsichtige, ließ sich nachvollziehbar begründen, warum drei Millionen ausreichend wären. Damit war der Weg zur Bewilligung der Bank als Genossenschaft gebahnt. Die Arbeit von Carl Wunderlin hat exemplarischen Charakter.

Es dauerte aber noch mehr als ein halbes Jahr, bis die Eidgenössische Bankenkommission in ihrer Sitzung vom 26. Januar 1984 die Eingabe prüfte und die Bewilligung erteilte.

Die Namensgebung

Die neue Bank sollte unter dem Namen *Freie Gemeinschaftsbank in der Schweiz* firmieren, und die Einladungen zur Gründungsversammlung am 29. April 1984 waren unter dieser Bezeichnung verschickt worden. Doch am 9. April meldete das Eidgenössische Amt für das Handelsregister Bedenken an. Der Zusatz «in der Schweiz» könne nur von solchen Unternehmen verwendet werden, die als «Vertreter gesamtschweizerischer Interessen» gelten würden, oder als Abgrenzung von Tochtergesellschaften ausländischer Unternehmen in der Schweiz. Außerdem müsse durch einen individualisierenden Zusatz der Monopolcharakter vermieden werden.[32]

Der zukünftige, bereits aktive Verwaltungsausschuss beriet zusammen mit den vorgesehenen Mitarbeitenden und einigen Mitgliedern des Verwaltungsrates drei neue Vorschläge:

- Gemeinschaftsbank für freie Initiativen (oder soziale Initiativen)
- Gemeinschaftsbank für soziale Dreigliederungsgedanken
- Freie Gemeinschaftsbank BCL

Der letztere Vorschlag wurde akzeptiert. BCL stand sowohl für die französische Übersetzung *Banque Communautaire Libre* als auch für die italienische Fassung *Banca Communitaria Libera.*[33]

Am 29. April 2006 wurde von der Generalversammlung beschlossen, auf den Zusatz BCL zu verzichten.

Das Verhältnis zur Allgemeinen Anthroposophischen Gesellschaft

Die Klärung des Verhältnisses zur anthroposophischen Gesellschaft war eine der notwendigen Voraussetzungen für die eigenständige Entwicklung der Bank. Denn praktisch alle an der Gründungsinitiative Beteiligten waren Mitglieder der Allgemeinen Anthroposophischen Gesellschaft, die meisten auch der Anthroposophischen Gesellschaft in der Schweiz. Dass sich Anthroposophen für eine solche Bank interessieren würden und man mit deren Unterstützung weitgehend rechnen könnte, davon konnten die Gründer wohl ausgehen, obwohl die im Folgenden skizzierten Gründungsvorgänge das nicht sogleich bestätigten. Ebenso war klar, dass die Bank sich in ihren Handlungsprinzipien auf die wirtschaftlich-sozialen Anregungen Rudolf Steiners beziehen würde und sich in diesem Sinne als «anthroposophische Bank» verstehen würde. Sollte sie deswegen eine «Goetheanumbank» oder eine «Bank der Anthroposophischen Gesellschaft» werden?

Gisela Reuther war Schatzmeisterin im Vorstand der Allgemeinen Anthroposophischen Gesellschaft am Goetheanum. Eine selbst betriebene Bank hätte vielleicht die Mittelbeschaffung für den Goetheanumbau erleichtert. Spenden von Mitgliedern in Form einer Zeichnung von Genossenschaftsanteilen einer unabhängigen Bank hätten aber auch als dem Goetheanum entgangene Mittel empfunden werden können. Die Diskussionen zeigten, dass es nicht eine exklusive «Bank für Anthroposophen» werden dürfe, sondern dass sie im Rahmen ihrer Wertebasis der Öffentlichkeit zur Verfügung stehen sollte.

Im März 1983 erläuterte Wilhelm Ernst Barkhoff in einem ausführlichen Schreiben an den Vorstand am Goetheanum seine Position hinsichtlich einer «Goetheanumbank». Inzwischen war vereinbart worden, dass die GLS Treuhand in Bochum der Allgemeinen Anthroposophischen Gesellschaft eine Zuwendung von 1,5 Millionen Franken machen würde, die der Bankgründung als Darlehen zugute kommen sollte. Barkhoff war Testamentsvollstrecker von Alfred Rexroth, aus dessen Vermögen dieser Betrag fließen sollte, und seine Zustimmung war Voraussetzung für diese Unterstützung.

Barkhoffs Überlegungen sind nicht nur für die damalige Situation von Interesse, in ihnen spricht sich auch Grundsätzliches über einen ethischen Umgang mit Geld aus. Einen Sinn ergäbe nach seiner Auffassung die Gründung einer Bank am Goetheanum nur in einem veränderten gesellschaftlichen Umfeld, in dem sich «Bewusstsein und Wille zu gesellschaftlichen Qualitäten» entwickelt. Seine Vision über die Zukunft eines anthroposophisch motivierten Geldwesens kommt in folgenden Passagen seines Schreibens zum Ausdruck:

«Beim Geld handelt es sich um das Medium, das menschheitlichen Willen ermöglicht. Dieser Wille ist möglich, weil Buchgeld die Koordination individueller Willensinitiativen zu gesamtheitlichem, kooperierendem, menschheitlichem Willen ermöglicht, ohne die individuelle Freiheit zu beeinträchtigen. Dies geschieht immer dann, wenn dieser Überwille mit den in Liebe getauchten Intuitionen der Einzelnen identisch ist.»

Konkreter: «Die Gemeinschaft versucht, die Schulden des

Einzelnen zu tragen, und der Einzelne versucht, für die Gesamtheit initiativ zu werden.»

«Um diesen Prozess der Überführung von individuellen Tugenden in menschheitliche Gesetzmäßigkeiten eines durch und durch freien und durchindividualisierten Organismus bewusst auf der Willensseite zu beginnen, bedarf es vieler Menschen, die das wollen; und diese Menschen bedürfen dazu eines Organs: einer gemeinsamen, neuen Bank.»

Barkhoff beschreibt im Detail, welche gesellschaftlichen Veränderungen er als Bedingungen für die Existenz einer «Bank am Goetheanum» ansah. Zu ihnen gehört, dass «kein Augenblick der Bewusstlosigkeit» bei den Geldbewegungen entstehen dürfe. Ohne diese Bedingung könne eine Bank möglicherweise irgendwo in der Welt existieren, nicht aber am Goetheanum:

«Es ist meine Überzeugung, dass die Begründung einer Bank ohne den konkreten Willen zu einer Änderung unserer Verhaltensweisen uns nur Unglück bringen kann.»[34]

Es wurde den Beteiligten deutlich, dass die neue Bank eine selbstständige Einrichtung werden musste, in der die Bank nur so groß sein sollte, dass die *Übersicht* nicht verloren geht und beim Verfolgen der Geldbewegungen «möglichst kein Augenblick der Bewusstlosigkeit» entsteht. Das Bewusstseinsfeld der Verantwortlichen bestimmt die Größe der Bank.

Geld und Wille sind soziale Potenziale, und die Bank ist ein Ort, an welchem beide zusammengeführt und *bewusst* gemacht werden. Sie führt soziale Willensimpulse in soziale Wirksamkeiten über, indem sie dem ihr anvertrauten Geld Kreditcharakter verleiht. Damit greift die Bank gestalterisch in die soziale Zukunft ein. Darin besteht ihre spirituelle Herausforderung, aber auch ihre Daseinsberechtigung.

Geld bedarf einer besonderen Aufmerksamkeit, weil es sich in seiner jeweiligen Bedeutung und Wirksamkeit verwandelt. Deshalb ist es auch relativ einfach, Geldprozesse intransparent zu gestalten und dadurch den eigenen Vorteil zu verschleiern. Transparenz zu schaffen ist darum eine besonders heikle Aufgabe, weil auf der anderen Seite auch das Bankgeheimnis seine Berechtigung im Hinblick auf den Schutz des Individuums hat.

Die Konstituierung des Genossenschaftskapitals für die Bank

Es wurde davon abgesehen, eine «Goetheanumbank» zu gründen. Stattdessen sollte eine «neue Bank» im Sinne der oben dargestellten Herausforderung entstehen.

Die Gespräche über den Beitrag der GLS Treuhand zur Kapitalgrundlage der Bank von 1,5 Millionen Franken ergaben folgende Lösung: Der Betrag wurde der Bürgschaftgenossenschaft als *unverzinslicher, unbefristeter* und *unkündbarer* Kredit anvertraut. Dadurch erhielt der Kredit den Charakter von Kapital und konnte dem Genossenschaftskapital zugeschlagen werden, das die Bürgschaftsgenossenschaft gegenüber der Eidgenössischen Bankenkommission EBK nachweisen musste. Sodann wurde vereinbart, dass dieser Betrag nach und nach von neu hinzukommenden Genossenschaftern abgelöst und in diesem Maß als Spende an die Allgemeine Anthroposophische Gesellschaft gehen sollte, für die der Betrag ursprünglich gedacht war.

Ein zweiter Teil des Genossenschaftskapitals wurde auf ähnliche Weise aufgebracht: Die Gemeinnützige Kredit-Garantiegenossenschaft e.G. (GKG) in Bochum gab der Bürgschaftsgenossenschaft zur Förderung freier Initiativen Dornach (BfI) aus einem Stiftungsvermögen ein ebenfalls unverzinsliches, unbefristetes und unkündbares Darlehen von 1,5 Millionen Franken, das von dieser als Genossenschaftskapital eingebracht werden sollte. Nach Maßgabe der Zeichnungen von Genossenschaftsanteilen sollte es wieder an die Stiftung zurückfließen.

Beide Kredite waren ein ermutigendes Signal an die Initiatoren des Projekts und zugleich ein Vertrauensvorschuss der Kreditgeber, der im Verzicht auf die sofortige Verfügung über das Geld vonseiten der Allgemeinen Anthroposophischen Gesellschaft und in den Kreditbedingungen der GLS Treuhand und der GKG Ausdruck fand. So könnte man sagen, dass die Bochumer Bankeinrichtungen und die Allgemeine Anthroposophische Gesellschaft Paten bei der Gründung der Freien Gemeinschaftsbank waren.

Am 7. Mai 1983 unterrichtete Gisela Reuther die Delegiertenversammlung der anthroposophischen Arbeitsgruppen und

Zweige in Zürich über die geplante Bankgründung in der Hoffnung, dass sich die Delegierten «als Repräsentanten des anthroposophischen Lebens in der Schweiz» daran beteiligen würden.[35] Dieser Appell löste nicht bei allen Begeisterung aus. Zwar wurde die Gründung einer Bank im gewollten Sinne nicht prinzipiell infrage gestellt, doch zum Wie und Wann wurden Bedenken geäußert. Einige Teilnehmer fühlten sich durch die Forderungen von Gisela Reuther unter Druck gesetzt. Sie hielten die Gründung zu diesem Zeitpunkt für verfrüht. Auch waren ihnen die Zusammenhänge nicht transparent genug. Sie befürchteten ebenfalls, dass Schenkgelder, die der Allgemeinen Anthroposophischen Gesellschaft bisher zugute gekommen seien, nun von der Bank in Anspruch genommen und der Gesellschaft entzogen würden. Weiter wurde die grundsätzliche Frage laut, ob eine solche Bank auf anthroposophischer Grundlage nicht «automatisch – ohne dass sie es will – in ein Machtgefüge eingeschaltet wird, das ihre Aktivitäten in Zukunft nicht nur negativ beeinflussen wird, sondern sie zwingen könnte, Dinge zu tun, die ihren geistgerichteten Intentionen zuwiderlaufen».[36]

Als demotivierend wurde außerdem empfunden, dass die Zeichnung von Anteilscheinen auf Jahre hinaus zur Rückzahlung einer Schuld der Bank an die Allgemeine Anthroposophische Gesellschaft dienen sollte. «Eine spontane Freude zu helfen, ein wichtiges Werk in die Welt zu setzen, wird dem Eindruck weichen, eine widrige Pflichtaufgabe erfüllen zu müssen».[37]

Gemessen an der Anzahl von Mitgliedern der Anthroposophischen Gesellschaft in der Schweiz war die Beteiligung von Schweizern an der Gründung und an der Zeichnung von Genossenschaftsanteilen zunächst eher gering.[38] Das Interesse war noch nicht überall geweckt worden, auch mögen die erwähnten Bedenken eine gewisse Vorsicht gegenüber diesem Unternehmen bewirkt haben.

Ein Teil der «Bochumer» Kredite wurde dann allerdings doch nicht beansprucht. Bis zur Gründungsversammlung wurden von den 63 Gründern, darunter fünf der sieben Vorstandsmitglieder der Allgemeinen Anthroposophischen Gesellschaft am Goetheanum, Genossenschaftsanteile in Höhe von 98 600 Franken gezeichnet.[39] Zu den Gründungsmitgliedern gehörten auch die «Bochumer» Wilhelm Ernst Barkhoff und Rolf Kerler, die der Initiative nicht nur mit Rat und Tat zur Seite standen, sondern sich auch privat engagierten, indem sie Genossenschaftsanteile zeichneten.

Inzwischen fand die Initiative auch eine «logistische» Unterstützung in banktechnischen und revisionsrechtlichen Fragen in Form einer Zusammenarbeit mit der Dornacher Raiffeisenbank und dem Schweizer Verband der Raiffeisenkassen in St. Gallen. Am 10. Februar 1984 wurden die ersten Mitarbeitenden der zukünftigen Bank, Annegret Drenkhahn, Paolo Wegmüller und Rudolf Tanner, in St. Gallen empfangen, um die letzten technischen Einzelheiten zu klären.[40] Der Bericht über diesen Besuch unterstreicht die positive Einstellung des Verbands zum Dornacher Bankenprojekt: «Der Raiffeisenverband ist von unserer Sache überzeugt und bietet uns alle erdenklichen Hilfen an.»[41]

Die neue Bank wurde nicht als Konkurrenz empfunden, sondern eher als komplementäre Einrichtung, deren Handlungsimpulse in eine Richtung zielten, der in der Entwicklung der Raiffeisenbanken aus deren eigener Sicht zu wenig Beachtung geschenkt wurde.[42] Zudem war die Raiffeisenbank Dornach lokal tätig, die Freie Gemeinschaftsbank jedoch landesweit ausgerichtet. Die anfängliche Zusammenarbeit ging im Laufe der Jahre zurück und wurde schließlich eingestellt. Die Revisionsstelle aus St. Gallen gab ihr Mandat 1996 an die Freie Gemeinschaftsbank zurück.

Gisela Reuther hatte sieben Jahre aktiv und manchmal auch vehement in der Bürgschaftsgenossenschaft auf die Bankgründung hingearbeitet, ihre Erfahrungen eingebracht und auch mit Annegret Drenkhahn und Paolo Wegmüller die ersten bankerfahrenen Mitarbeitenden gefunden. Nun erkannte sie, dass die vorbereitende Kommission und die ersten Mitarbeiter Freiraum für ihr Engagement benötigten und die Konkretisierung des neuen Bankgeschäfts aus deren eigener Initiative gelingen müsse. Einen Monat vor der Gründungsversammlung betonte Gisela Reuther in einem Schreiben, sie sei zu dem Schluss gekommen, dass ihre Hilfe für diese Aufgabe nun «aus einem anderen Bereich» kommen solle»,[43] und erklärte ihren Rücktritt.

1984 bis 2017
33 Jahre Freie Gemeinschaftsbank

Die Gründung der Freien Gemeinschaftsbank

Die Gründung der Freien Gemeinschaftsbank fand am 29. April 1984 im Terrassensaal des Goetheanum statt. Hier in Dornach hatte Rudolf Steiner 65 Jahre zuvor, am 15. Oktober 1919, mit seiner Denkschrift über «eine zu gründende Unternehmung» eine erste Anregung zur Bildung eines «bankähnlichen» Instituts gegeben (siehe S. 15 und 18ff.).

Anwesend waren 56 der 64 Gründungsmitglieder – acht hatten sich vertreten lassen.[44] Dass diese Gründung von verschiedenen Seiten mit Wohlwollen begleitet wurde, zeigte sich daran, dass als Gäste Vertreter der Zentralkasse der Raiffeisenkasse St. Gallen, der Raiffeisenbank Dornach und der Eidgenössischen Bankenkommission in Bern teilnahmen. Rudolf Grosse begrüßte die Anwesenden im Namen des Gastgebers, der Allgemeinen Anthroposophischen Gesellschaft, und Manfred Schmidt-Brabant hielt eine Ansprache.[45]

Dann folgten die Formalien: Genehmigung der Statuten, Wahl des Verwaltungsrates und seines Präsidenten sowie der Mitglieder der Kontrollstelle. Darüber hinaus wurde gemeinsam die Höchstgrenze der Kreditsumme für einen einzelnen Kreditnehmer beschlossen und die Zeichnung des Anteilscheinkapitals von drei Millionen Franken festgestellt. Ein Verwaltungsratsausschuss sollte die Banktätigkeit in kurzen Abständen betreuen.

Es gehörte zu den Voraussetzungen für die Arbeit der Bank, dass weder die Bochumer Einrichtungen noch die Allgemeine Anthroposophische Gesellschaft Einfluss auf ihre Geschäftstätigkeit ausüben durften. Das sollte einer Zusammenarbeit mit diesen

Institutionen aber nicht im Wege stehen. Wenn Rolf Kerler aus Bochum oder Franz Fünfschilling, Mitarbeiter am Goetheanum, Mitglieder des Verwaltungsrates waren, so wegen ihrer persönlichen Kompetenz und keinesfalls als Repräsentanten der Einrichtungen, aus denen sie kamen.

Der Gesellschaftszweck wurde in Artikel 2 der Statuten ursprünglich folgendermaßen formuliert:

«Die Freie Gemeinschaftsbank in der Schweiz bezweckt die Förderung gemeinnütziger oder sonst der Allgemeinheit dienender Initiativen durch Entgegennahme und Gewährung zinsgünstiger Gelder. Die Bank baut in ihren grundlegenden Impulsen auf der Geisteswissenschaft Rudolf Steiners auf.»

Einen guten Monat später, am 5. Juni 1984, kam die definitive Genehmigung der Eidgenössischen Bankenkommission, und am 13. Juni 1984 wurde die Genossenschaft in das Handelsregister eingetragen.

Diese grundsätzliche Zielsetzung der Bank besteht bis heute, auch wenn ihr Name und die Formulierung des Gesellschaftszwecks im Laufe der Jahre präzisiert wurden. Die Bank ist kein «Fertigprodukt», kein mechanisches «Umsetzen» von Regeln oder Theorien, sondern ein *Weg*, der zusammen mit den beteiligten Menschen gegangen werden soll. Sie begreift sich als eine Gemeinschaft der Anlagekundinnen und -kunden, der Kreditsuchenden und der Mitarbeiterinnen und Mitarbeiter, die als Übende, Forschende und Mitgestalter miteinander in Beziehung treten.

Die Freie Gemeinschaftsbank ist einmalig in der Schweizer Bankenlandschaft: Sie ist keine «systemgerechte» Bank, strebt aber auch kein anderes «System» an. Sie wurde auch für einen anderen, anthroposophisch erweiterten Umgang mit Geld gegründet, nicht gegen das herrschende System. Schon deshalb musste die Beurteilung von Erfolg und Misserfolg anderen Maßstäben folgen. Die Rentabilität dieser Bank sollte in einer wachsenden Vertrauensgemeinschaft ihren Ausdruck finden. Entscheidend ist nicht nur, *dass* Geldbewegungen stattfinden, sondern *wie* sie zustande kommen. *Wie* ist die Bank «mit Menschen unterwegs»?

Das Verhältnis zur Anthroposophie

Die neue Bank sollte eine *anthroposophisch orientierte* Bank sein – wenn auch selbstständig und ohne organisatorischen Bezug zu anthroposophischen Einrichtungen. Das mochte sich bei der Gründung noch wie ein «Glaubensbekenntnis» anhören mit einer mehr oder weniger dogmatischen, zumindest ideologischen Tendenz. Ungeachtet dessen entwickelte sich die Bank als freie und freilassende Einrichtung mit einem gesunden Selbstbewusstsein, in dem der Bezug zur Anthroposophie unverkrampft reflektiert und gelebt wird.

In Artikel 15, Absatz 2 der Statuten (der aktuellen Fassung vom 25. April 2015) wird die Beziehung der Mitglieder des Verwaltungsrats zur Anthroposophie charakterisiert:

«Die Mitglieder des Verwaltungsrates berücksichtigen bei ihrer Tätigkeit die Anregungen Rudolf Steiners in Bezug auf die Dreigliederung des sozialen Organismus.»[46]

Mit dem Hinweis auf die Dreigliederung ist eine *gesellschaftliche Wirksamkeit* gemeint, etwa – wie es Paolo Wegmüller charakterisierte – «im Sinne eines Ferments wie der Sauerteig».[47]

2011 wurde eine Arbeitsgruppe auf sachlichem Felde innerhalb der Anthroposophischen Gesellschaft in der Schweiz gegründet.[48] Ziel der Studienarbeit war die Auseinandersetzung mit Fragen aus den Themenbereichen Geld, Bank und Wirtschaft. Sie arbeitete bis 2017 in dieser Form. Danach hat sie sich in zwei Gruppen aufgeteilt. Die Arbeitsgruppe auf sachlichem Felde wird sich mit dem Thema Dreigliederung auseinandersetzen und sich allen Interessierten öffnen. Eine bankinterne Arbeitsgruppe wird Themen, die von Mitarbeitenden eingebracht werden, aufgreifen und im Sinne eines «Laboratoriums» bearbeiten.

Von Glücksfällen und helfenden Menschen

Annegret Drenkhahn und Paolo Wegmüller haben 1984 die Aufgabe übernommen, die Idee einer anthroposophisch erweiterten Bank operativ umzusetzen. In einem Gespräch mit Margrit Bühler erinnern sie sich an die Anfänge vor 33 Jahren.

Ein Schmunzeln überzieht Annegret Drenkhahns Gesicht, wenn sie sich erinnert: «Es war ein Glücksfall, dass wir die Räume in Oberdornach mieten konnten, wir wussten ja vorher nicht wohin!»
Annegret Drenkhahn war bereits in der Bürgschaftsgenossenschaft zur Förderung freier Initiativen (BfI) aktiv. Paolo Wegmüller war angefragt worden, ob er mit ihr die neue Bank aufbauen wolle. Gemeinsam haben sie mit gebrauchten Einrichtungsgegenständen einer Bankverein-Filiale die zwei Räume für die neue Bank ausgestattet. «Ein riesiger Tresor stand in einem Zimmer, noch aus der Zeit, als die Raiffeisenkasse Dornach ihr Domizil dort hatte. Wir versorgten darin unsere zwei ‹Kässeli›, eine größere für die Bank und eine kleinere für die BfI.»
Paolo Wegmüller gerät in Bewegung; viele Erinnerungen werden im Rückblick wach. «Wir mussten alle Formulare und Abläufe passend für unsere Arbeitsweise ‹erfinden›, vom Kreditvertrag bis hin zum *Rundbrief*,[49] alles musste von uns neu gestaltet werden», betont er.
Zwei elektrische Schreibmaschinen, eine Additionsmaschine, ein Telefon, eine RUF-Buchhaltungsmaschine, alles gebrauchte Geräte, und der erwähnte große Tresor, das war die technische Ausrüstung der am 1. Juli 1984 neu eröffneten Bank.
Annegret Drenkhahn hatte eine Banklehre absolviert und war später in einer Großbank in Zürich in der Anlageberatung für internationale Kundschaft tätig gewesen. Paolo Wegmüller hatte es nach einer Banklehre in einer der ältesten Privatbanken der Schweiz zum Leiter des internen Inspektorats gebracht. Beide brachten Bankwissen und -praxis mit. – Aber eine ganz neue Bank aufbauen, wie fühlte sich diese große Aufgabe an?

7. Annegret Drenkhahn, August 1984.
8. Paolo Wegmüller, August 1984.

«Angst hatte ich nie, aber sehr großen Respekt!», erinnert sich Paolo Wegmüller. «Wir haben uns oft sehr allein gefühlt, suchten nach einem inneren Halt, einer Kraftquelle, und beschlossen gemeinsam, die Arbeitstage mit dem Lesen der Vortragszyklen Rudolf Steiners über die Evangelien zu beginnen.»
Annegret Drenkhahn spricht von schwierigen Situationen im Sozialen, die ihr zu schaffen machten – Menschen, die eine fordernde Haltung einnahmen, die sich stark für die Gründung der Bank eingesetzt und entsprechend klare Vorstellungen hatten, wie die Arbeit im Operativen zu gestalten sei. «Manchmal hatte ich schon Angst vor den Auseinandersetzungen. Hilfe kam immer wieder von einzelnen Menschen aus dem Verwaltungsrat, die uns mit Rat und Tat zur Seite standen. Ohne diese Unterstützung hätten wir die ersten Jahre vermutlich nicht durchgestanden.»
Es waren sehr arbeitsreiche und gleichzeitig sehr anregende Jahre, die dem späteren Bankbetrieb vorausgingen. «Die Arbeit nahm an gewissen Tagen kein Ende, tagsüber in der Bank, abends Vorträge in den Zweigen oder Sitzung mit dem Verwaltungsrat, Gemeinschaftsarbeit und Geschäftstraktanden», so Paolo Wegmüller.
Die Begeisterung für die neue Bank hielt sich in anthroposophischen Kreisen in Grenzen. Die Befürchtung, dass wegen der Bank den Rudolf-Steiner-Schulen Gelder verloren gehen könnten, sei oft spürbar gewesen. «Dabei kam die Idee der Bankgründung aus der Schulbewegung», betont Annegret Drenkhahn, «man hatte nach Möglichkeiten gesucht, die Finanzierung der Schulen auf sicheren Boden zu stellen und in der BfI erkannt, dass dafür nur eine *Bank* infrage käme».
Als Geburtshelfer ist beiden der damalige Leiter der externen Revision der Raiffeisenbanken in guter Erinnerung: «Seine Begleitung hat uns sehr geholfen; er hat unsere Fragen und manchmal auch unsere Nöte angehört und mögliche Wege aufgezeigt», betont Annegret Drenkhahn. Besonders in den ersten Jahren gab es heikle Situationen. Paolo Wegmüller dazu: «Eine Bank mit nur zwei Angestellten und einer Eigenkapitalbasis von drei Millionen, das schien der Eidgenössischen Bankenkommission (EBK) zu risikoreich. Vor allem die zinsfreien Darlehen waren ihr ein Dorn im Auge. Sie war nahe dran, die Bankbewilligung wieder zu entziehen. Damals half uns Herr Zobrist, Leiter der Revision beim Raiffeisenverband in St. Gallen, mit seiner Zusiche-

rung an die EBK, dass wir organisatorisch bestens aufgestellt seien. Da waren wir wieder vertrauenswürdig.»

Es erforderte eine gewisse Zeit und praktische Erfahrung, bis im Umfeld der Bank bemerkt wurde, dass sie tatsächlich eine wichtige Funktion erfüllen konnte: «Es waren vor allem Frauen, die uns zuerst ihr Vertrauen entgegenbrachten. Für sie hatten wir offensichtlich die richtige Sprache gefunden», erklärt Paolo Wegmüller. Er erzählt von unzähligen Vorträgen in Zweigen der Anthroposophischen Gesellschaft, an Rudolf-Steiner-Schulen, bei der Erklärung von Bern,[50] im Ökozentrum Langenbruck, manchmal in Begleitung von Carl Wunderlin, der mit seiner eloquenten Art sehr rasch mit Menschen in Beziehung treten konnte.

Überall, wo es um Fragen des Geldes und eines anderen Umgangs damit ging, stellten sie ihr Wissen und ihre Erfahrungen zur Verfügung. Die gemeinsamen Autoreisen zu den Vorträgen wurden genutzt, um Gedanken auszutauschen und Pläne für die Weiterentwicklung zu besprechen. Im Laufe der Zeit wuchs die Zahl der Mitarbeitenden in der Geschäftsstelle, Einzelne verließen die Bank wieder, andere blieben längere Zeit.

«Unser Ziel war immer: Hilfe geben, mit Geld umzugehen; Qualität aufbauen, im Inneren wachsen, etwas leisten, nicht nur davon sprechen», betont Annegret Drenkhahn, und Paolo Wegmüller ergänzt: «Wir hatten Widerstände zu überwinden, erhielten aber auch immer wieder viel Zustimmung. Für mich war es sehr spannend zu erleben, wie in der Bank ‹Gesetzmäßigkeiten› sichtbar wurden, die auch die Möglichkeit boten, sich selbst zu erkennen.» Es sei ein Raum entstanden, der eine dienende Haltung erforderte, keinen Platz ließ für Partikularinteressen oder Profilierungsgelüste. Das wurde besonders spürbar, wenn Beteiligte die Bank wieder verließen – von Mitarbeitenden bis hin zu Mitgliedern des Verwaltungsrats.

Von Begrenzungen der Kreditvergabe in der ersten Zeit, bis sich die Eigenkapitalsituation verbessert hatte, von den Plänen, in Zürich eine Filiale zu eröffnen, erzählen die Pionierin und der Pionier, und dass es an sozialen Defiziten gescheitert sei, diesen Schritt in die Tat umzusetzen. Es würde ein Buch füllen, die vielen Erinnerungen und Einzelheiten, die jeweils eine mehr oder weniger wichtige Rolle gespielt haben, wiederzugeben.

Im Gespräch wird spürbar, wie stark Annegret Drenkhahn und Paolo Wegmüller mit dem Bankimpuls nach wie vor verbunden sind, wie wichtig für beide das Gedeihen der Bank ist. «Wenn ich hier das neue schöne Haus erlebe, bin schon fast etwas ‹neidisch›, wenn ich an unsere zwei kleinen Räume zurückdenke. Die Richtung, die die Bank und die Stiftung heute nimmt, stimmt für mich», freut sich Annegret Drenkhahn und hofft, dass der Grundimpuls, die soziale Komponente, weiterhin in die tägliche Arbeit einfließen möge.
Paolo Wegmüller bezeichnet seine Arbeit in der Freien Gemeinschaftsbank und danach als Leiter der Stiftung als etwas «unglaublich Beglückendes». Er sieht dadurch seine Aufgabe für «seine jetzige Erdenzeit» erfüllt. Zuversichtlich blickt er in die Zukunft der Bank und drückt das wie folgt aus: «Wie heute die Arbeit in der Bank aufgegriffen wird, wie die Menschen, die hier tätig sind, nach Möglichkeiten suchen, wach aufzunehmen, was an Zukünftigem werden will, das überzeugt mich sehr.»

Genossenschafter und Anteilscheinkapital – die «geschenkte» Bank

Mit der Zeichnung von Anteilscheinen, die nicht verzinst werden, ist eine Haltung verbunden, die sich von den üblichen Motiven beim Erwerb von Wertpapieren unterscheidet.

Die Ausgabe von Aktien bringt unternehmerische Wertschöpfungsprozesse in Gang. Das trifft auch auf genossenschaftliche Anteilscheine einer Bank zu, weil sie deren Eigenmittelbasis sichern, die wiederum maßgeblich ist für die Kreditvergabe. Der Unterschied liegt darin, dass das Motiv des Wertpapierkäufers zumeist mit dem Willen verbunden ist, für sich selbst durch Dividende oder Kurssteigerungen Rendite zu erzielen, während die Rentabilität der Genossenschaftsanteile durch Dividendenverzicht dem Gedeihen der Genossenschaft dient. Dieser Verzicht auf Dividende bewirkt, dass die Zeichnung von Anteilscheinen einer Schenkung nahekommt. Im Schenkgeld sah Steiner die effizienteste sozialwirtschaftliche Geldbewegung.[51]

Die Bank wird zum Übungsfeld für einen inneren Willens-

Jahr	Anzahl	Veränderung	Anteilscheinkapital in tausend Franken	Veränderung in tausend Franken
April 1984	64		98	
Dez. 1984	354	+ 294	461	+ 363
1989	1073	+ 719	3856	+ 3395
1994	1501	+ 428	4931	+ 1075
1999	1884	+ 383	5649	+ 718
2004	1916	+ 32	6875	+ 1226
2009	1995	+ 79	7839	+ 964
2014	2231	+ 236	8534	+ 695
2017	2407	+ 176	9298	+ 764

Tabelle 1: Genossenschafterinnen und Genossenschafter und das Genossenschaftskapital der Freien Gemeinschaftsbank 1984 bis 2017 (in Auszügen).

prozess, der sich im Umgang mit Geld dokumentiert. Finanzwerte bilden ein Willenspotenzial, über das ich verfügen kann, indem ich mit ihnen meine Absichten verwirkliche. Die Gewichtung zwischen dem Teil meines Willens (das heißt meines Vermögens), den ich einem anderen Wollen überlasse, und dem, über den ich weiter verfügen will, geschieht in meiner Seele. Wo ist Egoismus am Platz? Wo wird er zum Gefängnis meiner selbst? – Es ist eine Suche nach Gleichgewicht.

Die Freie Gemeinschaftsbank kann als «geschenkte» Bank betrachtet werden. – Wem geschenkt? Natürlich sind die Genossenschafterinnen und Genossenschafter rechtlich «Eigentümer» der Bank. Doch sie haben sie denjenigen anvertraut, die sie im Sinne der gemeinsam angestrebten Ziele leiten und die mit ihr Zukünftiges schaffen wollen. Die Eigentümerschaft verwandelt sich in eine Mitträgerschaft. Der Eigentumsbegriff verliert in diesem sozialen Zusammenhang von seiner gewohnten überlieferten Bedeutung. Der Wertpapierhandel hat zwar den Aktionär weitgehend von «seinem» Unternehmen entfernt. Doch in dem verewigten Rechtsanspruch auf die Dividende wirkt der alte privatrechtliche Eigentumsbegriff weiter.

Dass das Interesse an einer solchen Bank letztlich größer war, als es die Anzahl von Gründern vermuten ließ, zeigte sich daran, dass sich die Mitgliederzahl schon in den ersten Monaten mehr als verfünffachte. Bis Dezember 1984 hatten 354 Genossenschafterinnen und Genossenschafter Anteile im Wert von insgesamt 461 500 Franken gezeichnet, und eine erste Rückzahlung an die Allgemeine Anthroposophische Gesellschaft und die Bürgschaftsgenossenschaft wurde möglich. Dies bildete das Fundament zu der Art von Genossenschaftskapital, wie es von der Bank angestrebt wurde: gezeichnet von vielen einzelnen Menschen, die diese Bank wollen.

Charakteristisch für die Entwicklung über den Zeitraum von 33 Jahren ist die Stetigkeit, mit der die Anzahl von Genossenschafterinnen und Genossenschaftern zugenommen hat. Nach den ersten fünf Jahren vergrößerte sich die Basis etwas langsamer, aber doch stetig (Tabelle 1). In den 20 Jahren von 1993 bis 2012 war das jährliche Wachstum geringer als in den ersten zehn Jahren. Die Anzahl der Genossenschafterinnen und Genossenschafter verdoppelte sich auf 2107, und das Genossenschaftskapital stieg auf rund 8,4 Millionen Franken. Der Verzicht auf Dividenden erhöhte die Zuführung der aus der Geschäftstätigkeit resultierenden Überschüsse in die Reserven und stärkte direkt die Kapitalbasis der Bank. Das wiederum erweiterte die Möglichkeit der Kreditvergabe. Die rechtlich vorgegebene Relation von Kreditvolumen und Eigenkapital war 17:1. Der Geschäftsbericht 2012 nennt neben dem Kernkapital von 13,5 Millionen Franken insgesamt anrechenbare Eigenmittel von 17,1 Millionen Franken. Die Kernkapitalquote wird mit 10,33 Prozent, die Eigenkapitalquote mit 14,71 Prozent angegeben. Zum 31. Dezember 2017 lagen diese Werte bei 19,5 Millionen Franken für das Kernkapital bzw. bei 21,9 Millionen Franken anrechenbarer Eigenmittel insgesamt. Die Kernkapitalquote betrug 12,14 Prozent und die Eigenmittelquote 13,67 Prozent. In Tabelle 1 lässt sich ablesen, dass das geliehene Startkapital von insgesamt drei Millionen Franken durch die Zeichnung von Anteilscheinen nach gut fünf Jahren vollständig zurückgezahlt war. Der Anteilschein der Bürgschaftsgenossenschaft zur Förderung freier Initiativen wurde bis auf einen Franken abgeschrieben.[52] Damit hatten Genossenschafterinnen und Genossenschafter in diesem Jahr der weltpolitischen «Wende» von 1989 die Unabhängigkeit der Kapitalbasis ihrer Bank ermöglicht.

Aus Gesprächen mit einzelnen Genossenschafterinnen und Genossenschaftern lässt sich erkennen, dass die Genossenschaft als Ort der Vertrauensbildung und als Risikogemeinschaft empfunden wird, kurz: Man ist zuerst Mensch, bevor man Kunde ist. Die Kundenzeitung *transparenz* wird geschätzt, denn die Beiträge behandeln auch aktuelle Themen aus der Finanz- und Wirtschaftswelt und sind so abgefasst, dass sie auch der weniger informierten Leserschaft verständlich sind. Die jährlichen Mitgliederversammlungen und Genossenschaftstage werden als Ereignisse erlebt, die das Gemeinschaftsempfinden pflegen und stärken und bei denen auch Probleme zur Sprache kommen und unterschiedliche Sichtweisen Platz haben.

«Diese Bank ist enkeltauglich», charakterisierte eine Genossenschafterin die nachhaltige Tätigkeit der Freien Gemeinschaftsbank. Das heißt für sie: Zukunftsfähigkeit im Hinblick auf eine gesündere Umwelt und einen «vernünftigen» Umgang mit Geld zugunsten der kommenden Generationen. Ihre eigene angesparte Altersvorsorge solle, solange sie diese nicht selbst brauche, Menschen helfen, die ähnliche Werte vertreten. Diese Bank mache das möglich, weil sie Transparenz anstrebe, Kredite in die Realwirtschaft gebe, durch Gespräche zur Klärung eines Vorhabens beitrage und dem anderen Freiheit lasse. Ein Genossenschafter meint, hier habe man das Gefühl, wenigstens ein bisschen Positives bewirken zu können. Würde es diese Bank nicht geben, so müsste man sie gründen!

1993, zu ihrem zehnjährigen Bestehen, machte die Bank eine Genderuntersuchung zur Zusammensetzung des Genossenschaftskapitals: 587 Frauen hatten 66 Prozent des Anteilscheinkapitals gezeichnet, 747 Männer 21,5 Prozent. Der Rest von 12,5 Prozent war von 81 Einrichtungen gezeichnet worden.

Einlagen und Kredite: eine permanente Suche nach dem Gleichgewicht

Die Bank wirkt als *Vermittlerin.* Sie muss versuchen, die Gesichtspunkte aller Beteiligten zu berücksichtigen bzw. in ein Verhältnis zueinander zu bringen. Projektträger blicken nicht aus der gleichen Perspektive auf ihre Anliegen wie ein Anleger. Zwischen den Zinssätzen für Anlagegelder und denen für Kreditnehmende liegt die Zinsspanne, mit der die Kosten der Banktätigkeit gedeckt werden müssen. Überschüsse (Gewinne) kommen allen Beteiligten zugute, indem sie die Reserven und das Basiskapital der Bank stärken.

Nach der Gründung im April waren bis Ende 1984 schon 200 Konten mit Einlagen von 2,8 Millionen Franken eröffnet worden. Da diese an Gemeinschaftsprojekte gemeinnütziger Art fließen sollten, sollte der Zinssatz möglichst niedrig sein. Die Anleger akzeptierten einen durchschnittlichen Zinssatz von 1,42 Prozent, während der durchschnittliche Zinssatz der Hypothekarforderungen in der Schweiz bei 5,5 bis 6 Prozent lag, der der Sparzinsen bei 3 bis 3,5 Prozent.[53] Was bei anderen Banken in der Schweiz offensichtlich zum normalen Geschäft gehörte, die Entgegennahme von unversteuertem Privatvermögen, war bei der Freien Gemeinschaftsbank nie erwünscht.

Das Kreditvolumen betrug in den ersten Monaten gut eine Million Franken. Es verteilte sich im Wesentlichen auf Gemeinschaftsinitiativen in folgenden Lebensbereichen:

Heilpädagogik	200 000 Fr.
Schulen	130 000 Fr.
Kindergärten	50 000 Fr.
Sozialtherapie	145 500 Fr.
Landwirtschaft	138 000 Fr.
Medizin	89 000 Fr.
Handel	100 000 Fr.
Anthroposophische Zweige	200 000 Fr.

Diese Sparten umfassen meist eine Vielzahl von Projekten, was auf die aufwändige Detailarbeit der Bank hinweist. Hinzu kommt, dass die Kreditvergabe an Gemeinschaften in Form von Solidarbürgschaften oder Leihgemeinschaften praktiziert wurde. Bei Ersteren geht der Kredit an den Projektträger wie zum Beispiel eine Schulinitiative. Eltern, Lehrer und Freunde bürgen jeweils für eine relativ kleine Summe von 2000 Franken, dem Höchstbetrag für Bürgschaften, die ohne notarielle Beglaubigung möglich sind. Mit solchen Kreditformen sind aufwändige Organisations- und Beratungstätigkeiten verbunden. Interessant ist, dass hier ein Übungsfeld für Kleinkredite entstand.

Die Suche nach adäquaten Finanzierungsmodellen ist eine gemeinsame Aufgabe. Das Interesse der Beteiligten für sich selbst erweitert sich dabei zu einem Interesse für eine zukunftsfähige Initiative. Es handelt sich also um eine Dreierbeziehung, in der ein Gleichgewicht gefunden werden muss: Die Anlegerschaft soll einen angemessenen Zins erhalten, die Bank soll ihre eigenen Mitarbeiter angemessen entlohnen, und die Kreditnehmer sollen einen angemessenen Zins zahlen. Vom – berechtigten – Egoismus aus betrachtet, driften die Einzelinteressen *instinktiv* auseinander, vom Gesichtspunkt des gemeinsamen Interesses, das heißt der gemeinsamen Willensbekundung, tendieren sie *bewusst* zueinander. Daher ist ein Prozess erforderlich, bei dem jeder ein ausreichendes Verstehen des anderen gewinnt, um seinen Willen unter Berücksichtigung der Interessen des anderen zu konkretisieren. Das gemeinsam Bewirkte ist die eigentliche Rentabilität, mit der das finanzielle Engagement «belohnt» wird. Gerade das in einem relativ kleinen Rahmen Praktizierte, Überschaubare und Transparente stärkt die Erfahrung, dass es möglich ist, das Geldwesen aus seiner Anonymität zu befreien und individuell zu gestalten.

Im Gespräch mit Kundinnen und Kunden

In der *Kreditberatung* steht der Aufbau einer partnerschaftlichen Beziehung im Vordergrund. Kreditgespräche sind eine Herausforderung an das Unterscheidungsvermögen, die Urteilsfähigkeit, die Kritikfähigkeit und die «richtige» Distanz für die Beratenden. Ein Mitarbeiter formuliert das so: «Man fühlt sich oft stark auf sich selbst zurückgeworfen. Ich muss mich selbst immer wieder infrage stellen. Dabei ist es wichtig, mit der Unterstützung durch die Kollegen rechnen zu können.»

Anders als banküblich sind die Beratungsgespräche insofern voraussetzungslos, als die Freie Gemeinschaftsbank keine Produkte verkaufen will. Die Beratenden sind frei vom Druck, eine möglichst hohe Abschlussquote zu erreichen. Freundlichkeit, Interesse und Offenheit sind Teil der Betriebskultur und gehören nicht etwa zur Verkaufstaktik. Kommt es zu einem Vertragsabschluss, zieht dies in der Regel eine über Jahre andauernde Pflege der Kundenbeziehung nach sich.

Wenn ein Kredit ins Wanken gerät, ist besondere Aufmerksamkeit gefragt. In der Regel fordern Kreditgebende bei hohem Risiko hohe Zinsen, bei geringem Risiko niedrige Zinsen. Wer ohnehin «finanzstark» ist, wird noch stärker; «Finanzschwache» dagegen werden in ihrer Zahlungsfähigkeit durch hohen Zinsendienst zusätzlich geschwächt. In prekären Situationen sucht die Freie Gemeinschaftsbank Wege, das von ihr als sinnvoll und zukunftsfähig erachtete Projekt auch im Krisenfall zu unterstützen.

Ausgangspunkt der Bankarbeit ist, jeden Menschen als freies und entscheidungsfähiges Wesen zu betrachten. Im Gespräch sollen die unterschiedlichen Bedürfnisse der Beteiligten wahrgenommen werden. Da die Bank als neutraler Vermittler keine eigenen Interessen verfolgt, kann sie von einem übergeordneten Standpunkt aus zu einer realistischen Einschätzung eines Projekts gelangen. Dazu bemerkte ein Mitarbeiter: «Es lässt sich beobachten, dass sich bei der Wahrnehmung des Kontextes die üblichen Verhaltensweisen umkehren.»

9. und 10. Schalterhalle der Freien Gemeinschaftsbank in Basel.

Die Anlegerschaft – Verzicht auf Zinsen

Der Anlagekunde kann bei der Kontoeröffnung bestimmen, in welchem Projektbereich seine Geldmittel als Kredit zur Verfügung gestellt werden sollen und welcher Zinssatz für die Einlagen erwartet wird.

Die Freie Gemeinschaftsbank publiziert regelmäßig die Zinsstruktur der bei ihr angelegten Geldmittel, die in Tabelle 2 beispielhaft für 1992 wiedergegeben ist. Im Vergleich zu den heute üblichen Konditionen war das allgemeine Zinsniveau zu diesem Zeitpunkt ausgesprochen hoch. Für neue variable Hypotheken mussten bis zu 8 Prozent gezahlt werden, die Sparzinsen lagen gewöhnlich um 2 bis 3 Prozentpunkte darunter. Allerdings war auch die Inflationsrate auf 4 bis 5 Prozent angestiegen und minderte das Realeinkommen aus dem Zinsertrag entsprechend stark.

Die Bereitschaft zum Zinsverzicht war auch in dieser Lage erheblich. Insgesamt entschieden sich fast die Hälfte der Kontoinhaber, 1233 an der Zahl, für 0 bis maximal 3 Prozent Zinsen. Auf die Einlagensumme bezogen betraf dies 22,3 Millionen von 56,9 Millionen Franken. Geht man allerdings von dem von der Bank angebotenen Maximalzinssatz von damals 6 Prozent aus, so leisteten 95 Prozent der Einleger Zinsverzicht. Die Bank zahlte 1992 einen Durchschnittszins von 2,99 Prozent auf die Einlagen, 3 Prozent weniger als der angebotene Maximalzins.

Das Absinken des Passivzinses ab 1993 ist weitgehend auf das mehr oder weniger kontinuierliche Sinken des allgemeinen Zinsniveaus zurückzuführen: Der variable Hypothekarzins sank zwischen 1993 und 2006 von 7 auf 3 Prozent und blieb bisher unverändert. Weiter gesunken sind die Zinssätze für Festhypotheken.[54]

Die Höchstgrenze für den Zinssatz der Passivzinsen (Zinsen für Einlagen) gehört zu den sensiblen Größen, deren Festlegung bei der Gesamtheit unterschiedlichster Entwicklungsfaktoren ein besonderes Gespür erfordert. Sie ist von der Einschätzung des zukünftigen Verhaltens der Anlagekundschaft ebenso abhängig wie von der geschätzten Entwicklung der Eigenkosten der Bank und von der möglichen Belastung zukünftiger Kreditnehmer.[55]

Für die weitere Entwicklung der Freien Gemeinschaftsbank kann die Frage entscheidend sein, in wieweit sie sich von Zinseinflüssen unabhängig machen kann und in welcher Weise die Betriebskosten von den Beteiligten getragen werden. Sie hat dadurch an Aktualität gewonnen, dass die Schweizerische Nationalbank im Januar 2015 den Mindestkurs des Franken gegenüber dem Euro aufgehoben und darüber hinaus einen Negativzins eingeführt hat. Weil der Handlungsspielraum für die Kreditvergabe durch eine verstärkte Regulierung eingeschränkt ist und die Freie Gemeinschaftsbank keine spekulativen Anlagen tätigt, entsteht ein Überhang an Liquidität, der aufgrund des Negativzinses eine zusätzliche Kostenbelastung verursacht. Zunächst führte diese Situation zu einer Verlagerung von Teilen der Liquidität weg von der Nationalbank zu anderen Banken mit besseren Konditionen und zur Belastung von Kontoguthaben von 300 000 Franken und mehr mit einem Negativzins.

Treuhanddarlehen

Eine zunehmende Verantwortung, die auch zu einem verstärkten Engagement führt, ergibt sich für Kreditnehmer, wenn ihnen jemand Geld – mit oder ohne Vermittlung der Bank – direkt zur Verfügung stellt. Von Anfang an war es ein wichtiges Anliegen der Freien Gemeinschaftsbank, solche Direktkredite als «Treuhanddarlehen» zu vermitteln. Diese Darlehen werden direkt an Kreditnehmer gegeben und gehen auf Rechnung und Risiko der Kreditgeber. Sie werden daher außerhalb der Bankbilanz ausgewiesen.

Die Kreditgeber möchten eine bestimmte Initiative mit ihrem Geld fördern, und die Bank übernimmt die Gestaltung des rechtlichen Rahmens und – wenn gewünscht – auch die Abwicklung während der Laufzeit, wobei Zinshöhe und Rückzahlungsmodalitäten individuell bestimmt werden. Die Bank erhält für ihre Dienstleistung eine bescheidene jährliche Gebühr auf den Darlehensbetrag.

Es liegt auf der Hand, dass der Erfahrungshintergrund der Bank eine Hilfe sein kann, Finanzmittel auf diese Weise zur Verfügung zu stellen. Diese Form der Kreditvergabe entspricht der Forderung nach Transparenz und nach direkten menschlichen Begegnungen ganz besonders und ist in dieser Form wenig verbreitet.

	1985	1989	1994	1999	2004	2009	2014	2017
Treuhanddarlehen	0,9	11,5	47,8	51,6	43,6	54,8	30,3	9,2*
Bankdarlehen / Bankkredite	3,8	22,3	51,7	94,5	110,0	149,2	176,6	216,4
Bilanzsumme	9,7	35,9	74,2	120,9	173,6	200,4	268,4	275,0

Tabelle 2: Entwicklung der Treuhanddarlehen, der Bankdarlehen bzw. Bankkredite und der Bilanzsumme in Millionen Franken.[56]

* Im Jahr 2013 wurde das Treuhandgeschäft durch die Finanzmarktaufsicht (FINMA) vertieft geprüft. In der Folge mussten Rechtsgrundlagen teilweise überarbeitet werden. In dieser Zeit wurden fast keine neuen Treuhanddarlehen getätigt. Zugleich wurden Engagements zweier sehr großer Darlehensnehmer zurückgeführt, weil für sie kein Bedarf an dieser Finanzierungsform mehr bestand. Mittlerweile ist der Geschäftsbereich überarbeitet. In den nächsten Jahren soll das Treuhandgeschäft auf der neuen Grundlage wieder an Bedeutung gewinnen.

Geförderte Initiativen

Hinsichtlich ihrer Förderschwerpunkte konkretisiert die Bank, was sie sich als wesentliche Aufgabe stellt: Menschen, Initiativen und Unternehmen, die sich in den Dienst von Mensch und Umwelt stellen, zu unterstützen, und zwar mit geeigneten Bank- und Finanzinstrumenten, die gegebenenfalls noch zu entwickeln sind.[57]

Die Anzahl und das Volumen der bewilligten Kredite sind in Tabelle 2 für die Jahre 1985 bis 2017 aufgelistet und zeigen in den ersten Jahren ein stetiges Wachstum von anfangs 3,8 Millionen Franken bei etwa hundert Kreditnehmern auf 164 Millionen Franken bei 435 Kreditnehmern (613 Kredite) im Jahr 2012 und

216,4 Millionen Franken bei 429 Kreditnehmern (765 Kredite) 2017.

Blättert man in den Rundbriefen, Geschäftsberichten und in der Kundenzeitschrift *transparenz* aus den letzten dreißig Jahren, findet man darin die namentliche Erwähnung aller Initiativen, die Kredite oder Darlehen der Bank erhalten haben. Dies ist eine wesentliche Voraussetzung dafür, dass der Geldfluss von der beteiligten Anlage- und Kreditkundschaft bewusst begleitet werden kann. In der Bank sind alle Informationen über die Anliegen der Kreditsuchenden und die Entwicklung ihrer Projekte gesammelt und bilden die Grundlage für die Bewilligung weiterer Kredite.

Neben der Entscheidungsfindung vor einer Kreditvergabe gehört die kontinuierliche Betreuung der Kreditkundschaft zu den zentralen Tätigkeiten der Bank. Die gegenseitigen vertraglichen Vereinbarungen beruhen immer auf einem Vertrauen in eine positive Entwicklung. Das Schicksal einer Initiative ist aber nicht vorherbestimmbar. Innere Faktoren wie menschliche Initiativkraft oder äußere Parameter wie zum Beispiel extreme Witterungsereignisse in der Landwirtschaft können den Fortgang eines Unternehmens und damit auch das Erfüllen der Kreditverpflichtungen infrage stellen. In solchen Fällen sind Urteilsvermögen und Sachkenntnis bei den Mitarbeiterinnen und Mitarbeitern der Bank gefordert. Sie begleiten kontinuierlich die Wege der geförderten Initiativen mit der Haltung: Kontrolle ist in einem gewissen Maße sinnvoll, Vertrauen ist aber die Grundlage der Zusammenarbeit.

In Gesprächen mit Kreditnehmern zeigt sich, dass besonders bei Krediten, die nicht hypothekarisch abgesichert sind, das *gemeinsame* Abwägen der Tragfähigkeit eines Projekts und dessen Begleitung als außerordentlich hilfreich empfunden wird. Dies schafft Klarheit über die Risiken, gegenseitige Akzeptanz und Bereitschaft zur Hilfe in unerwarteten Notlagen. Kredit- und Zinsverluste betrugen bis 2012 nur 0,63 Prozent des Gesamtvolumens der ausgeliehenen Gelder, ein Zeichen für die Seriosität der Arbeit in der Bank.

11. Harmonisierung der Bewegungsabläufe, seelischer Ausgleich und Stärkung des Selbstvertrauens. – Horse House Nanny, Wyssachen, integratives Begegnungszentrum für Reitsport und Reittherapien.

12. Im Mittelpunkt das Kind und seine ganzheitliche Entwicklung. – Rudolf Steiner Schule Mayenfels, Pratteln.

13. Engagement für artgerechte Tierhaltung – der Demeter-Bauernhof Randenhof in Siblingen.

14. Blumen in Mischkultur erfreuen das Auge und halten Schädlinge fern. – Biologisch-dynamischer Gemüsebau auf dem Biohof Rigi in Hessigkofen (SO).

Zinssensitivität und ethischer Individualismus

Zinsverzicht resultiert aus der Bereitschaft, anstelle einer möglichst hohen Rendite die gesellschaftlichen Auswirkungen in den Vordergrund zu stellen, die aus der Finanzierung eines Projekts hervorgehen und somit durch das eigene Geld bewirkt werden. Die im Frühjahr 2013 abgeschlossene Masterarbeit *Aspekte eines erweiterten Bankwesens* von Max Ruhri[58] widmet sich mit empirischen Methoden der Frage, wie die Anleger bei der Freien Gemeinschaftsbank auf eine Änderung der Zinssätze reagieren und stellt bezüglich der Differenz zum marktüblichen Zins ein «unelastisches» Verhalten fest. Das heißt, wenn der Höchstzins für Kundengelder bei der Freien Gemeinschaftsbank hinter dem steigenden allgemeinen Zinsniveau zurückbleibt, hat das nicht – wie oft üblich – den Abzug von Kundengeldern zur Folge.

Dieser Feststellung schließt der Autor eine genaue Untersuchung der Motivation für dieses Verhalten an. Die Bank setzt an die Stelle der Gewinnmaximierung ihre ideelle Grundabsicht und Entwicklungsvorgabe: «Aus dem Bemühen um Anthroposophie und deren Umsetzung in der Praxis belebt und erneuert sich die Bank.»

Ruhri greift in diesem Zusammenhang Steiners Begriff des «ethischen Individualismus» auf. Ihm zufolge ist über materielle Bedürfnisse und Gesetzmäßigkeiten hinaus, die den Menschen von außen determinieren, ein Raum vorhanden, in dem der Mensch aus sich selbst heraus, als Individuum handeln kann. Dieser Freiraum ist Ausgangspunkt für das Wagnis eines «erweiterten Bankwesens». In ihm wird die Übernahme individueller Verantwortung für ein gestalterisches Handeln im Umgang mit Geld möglich. Gleichzeitig wird deutlich, dass es trügerisch wäre, diesen Ansatz zum System zu erheben, denn er beruht auf dem Denken und Handeln von Individuen und deren Zusammenarbeit bei der Suche nach adäquaten – das heißt der jeweiligen einmaligen Situation entsprechenden – Lösungen.

In diesem Sinne sind für die Mitarbeit in einer solchen nicht im allgemeinen Strom der Finanzwirtschaft mitschwimmenden Bank neben den branchenspezifischen Fachkenntnissen Neugierde und Bereitschaft zu einer intensiven Zusammenarbeit, Gestaltungswille, Entwicklungsbereitschaft und Lernfähigkeit vonnöten, was im Rahmen einer internen Weiterbildung gefördert wird. An regelmäßig stattfindenden Weiterbildungstagen werden Fragen aus dem Bankalltag und Grundlagen aus der Geisteswissenschaft Rudolf Steiners aufgegriffen und gemeinsam bearbeitet.

Veränderungen, Krisen, Entwicklungsschritte

Verwaltungsrat, Geschäftsleitung und Mitarbeiterschaft sind die drei Organe, die das Leben der Bank weitgehend bestimmen. Durch innere und äußere Entwicklungen erfordert deren Verhältnis zueinander eine fortwährende Neuausrichtung. Bleibt sie aus, kann dies in eine Krise münden. Dazu kam es bei der Freien Gemeinschaftsbank beispielsweise in den Jahren 2003 und 2006.

Die erste ernsthafte Krisensituation hatte ausschließlich bankinternen Charakter. Eine Analyse der Situation zeigte zunächst auf, was die Bank bisher erreicht hatte: kontinuierliches Wachstum, einen gelungenen Umzug von Dornach nach Basel, gute Arbeitsbedingungen, gute Geschäftsergebnisse, Bildung finanzieller Reserven, wenige Verluste und ein Bekenntnis zu kulturellen Aufgaben. Sie hatte engagierte Mitarbeitende und eine treue Kundschaft.

Aber auch das nicht Erreichte, zum Beispiel die Lösung kalter Konflikte, das Fehlen einer kohärenten Gehaltsordnung, klare Kompetenz- und Aufgabenbeschreibungen, ein strukturiertes Besprechungswesen, strategische Aussagen zur Entwicklung sowie ein unklares Verhältnis zwischen Geschäftsleitung und Mitarbeiterschaft, wurde sichtbar gemacht. Anfang März 2003 bezog die Geschäftsleitung alle Mitarbeitende mit einer Vernehmlassung in den Entwicklungsprozess mit ein.[59] Das Papier schloss mit dem Wunsch, dass alle Mitarbeitenden bei der Gestaltung der Zukunft mithelfen sollten. – Es lag auf der Hand, dass die bestehenden Führungsstrukturen neu überdacht werden mussten.

Die Bank hatte damals zwei Geschäftsführer und weitere acht Mitarbeitende. Die oberste Leitung übte nach den Statuten der Bank jedoch der Verwaltungsrat aus, dessen zwölf Mitglieder allerdings nur drei- bis viermal jährlich zusammenkamen, und er war gewissermaßen etwas «kopflastig» geworden. Alle vierzehn Tage trat ein Verwaltungsratsausschuss zusammen, der operativ tätig war, Kredite bewilligte und wie eine Art übergeordnete Geschäftsleitung arbeitete. In der Pionierzeit war die Begleitung der werdenden Bank durch einen größeren Kreis von Persönlichkeiten im Verwaltungsrat verständlich. Inzwischen wurde dies von der Geschäftsleitung jedoch zunehmend als Belastung empfunden. Eine sinnvolle Aufgabenverteilung zwischen Verwaltungsrat und Geschäftsleitung fehlte. Die Arbeit des Verwaltungsratsausschusses erwies sich als in dieser Form als nicht länger praktikabel. Die angestrebte Brückenfunktion zwischen Geschäftsleitung und Verwaltungsrat konnte nicht wahrgenommen werden; der Ausschuss war der Geschäftsleitung näher als dem Verwaltungsrat.

Doris Weiss, Präsidentin des Verwaltungsrates von 2000 bis 2006, zeichnete sich durch eine pragmatische Herangehensweise aus und wollte den Verwaltungsrat in ein Arbeitsgremium umwandeln. Das übliche Studium der Texte Rudolf Steiners am Sitzungsbeginn sollte zwar aufrechterhalten werden, danach aber sollten die Anliegen der Geschäftsleitung bearbeitet werden, um aus einer «belehrenden» in eine mitarbeitende Haltung zu wechseln. Effizient konnte dieser Verwaltungsrat aber nur werden, wenn Mitglieder, die sich in dieser Weise nicht engagieren wollten, zurücktreten würden.

Bis 2005 verließen daraufhin eine Reihe von Mitgliedern den Verwaltungsrat. Schließlich verblieben aus der ersten Zeit Willi Schweighauser (seit 1984),[60] Alfred Frischknecht (seit 1987) und Doris Weiss (seit 1996). Hinzu kam 2005 Felix Staub (Präsident von 2008 bis 2017). Der Verwaltungsratsausschuss war überflüssig geworden.

Was geschah in der Geschäftsleitung in diesen Jahren? Annegret Drenkhahn trat nach fast 20 Jahren ausgesprochen fruchtbarer Aufbauarbeit 1999 in das zweite Glied und 2003 in den Ruhestand. Christof Hatebur, seit 1992 in der Bank tätig, wurde ihr Nachfolger. Er war in den vorangegangenen sieben Jahren vor allem im Kreditbereich aktiv gewesen. Als Mitglied der Geschäftsleitung arbeitete er eng mit Doris Weiss zusammen. Paolo Wegmüller begleitete den Prozess der Erneuerung der Geschäftsleitung und widmete sich ab 2006 zusätzlich der Stiftung Freie Gemeinschaftsbank.

Die Verwaltungsratspräsidentin und die Geschäftsleitung betrachteten die Situation der Bank als eine Entwicklungskrise, die nach 18 Jahren aus der Pionierphase in eine Differenzierungsphase führen musste. Keine leichte Aufgabe, die sich für eine Fortentwicklung der Freien Gemeinschaftsbank aber als notwendig abzeichnete. 2003 nahm Markus Jermann seine Arbeit in der Bank auf – offensichtlich zum richtigen Zeitpunkt. Er erkannte die Problematik, nahm die Berufung in die Geschäftsleitung an und trug zusammen mit Christof Hatebur wesentlich dazu bei, den Übergang in die Differenzierungsphase einzuleiten.

In dieser Zeit wurde die Bank auch von außen mit größeren Aufgaben konfrontiert: neue Regulierungsvorschriften, die Einführung der Maestro-Karte und ein kostspieliges internes und externes Revisionsverfahren, das von der Bankenaufsicht (EBK) verlangt wurde. Ermüdungserscheinungen machten sich bemerkbar.

Eine personelle Konsolidierung und eine Richtungsentscheidung trat mit der Generalversammlung 2006 ein.[61] Zwei wichtige Grundsätze der Bank waren infrage gestellt: Sollten die Genossenschaftsanteile nicht doch mit einer Dividende bedient werden, und sollte nicht doch ein starkes Wachstum angestrebt werden? Beides wurde abgelehnt. Doris Weiss hatte die strukturelle und personelle Wandlung wesentlich verantwortet und legte sie nun für die weitere Entwicklung vertrauensvoll in neue Hände.

Zwei neue Mitglieder wurden in den Verwaltungsrat gewählt. Es gab vier Kandidaten, von denen zwei vom Verwaltungsrat, zwei weitere aus dem Teilnehmerkreis der Versammlung vorgeschlagen wurden. Originell war, dass jeder Kandidat von einem Genossenschafter als Pate vorgestellt wurde, der sich mit dessen Qualifizierung für den angestrebten Posten besonders beschäftigt hatte. Schließlich wurden die beiden vom Verwaltungsrat vorgeschlagenen Kandidaten, Margrit Bühler und David Rhiner, gewählt.[62] Die Versammlung sprach sich hier für diejenigen Kandidaten aus, bei denen der Verwaltungsrat kundgetan hatte, mit ihnen am besten zusammenarbeiten zu können. Insofern war dies ein Vertrauensbeweis der Versammlung gegenüber dem Verwaltungsrat und der Geschäftsleitung.

Alfred Frischknecht, der die Präsidentschaft übernahm, referierte zur neuen Unternehmenspolitik. Formell habe es eine solche zuvor nur rudimentär gegeben. Sie war einfach gelebte Wirklichkeit. In der Biografie des Organismus müsse sich die Bank nach 21 Jahren über ihren «Lebensentwurf» klar werden – ähnlich wie ein erwachsener Mensch.

Markus Jermann beschrieb, wie die Freie Gemeinschaftsbank die seit ihren Anfängen gepflegten Beratungsgespräche als Ausdruck ihrer Andersartigkeit angeht: Eine Beratung, in deren Hintergrund ein Verkaufsmotiv stehe, sei keine Beratung, sondern ein Verkaufsgespräch. Wenn ihr nicht die Überzeugung von Individualität und Schicksal zugrunde liege, so sei sie nicht wirklich auf den Menschen bezogen.

Felix Staub unterstrich das unveränderte Ziel, dass die Bank ein organisches und Werte schaffendes Wachstum anstrebe, nicht ein Wachstum um des Wachstums willen. Der Geldzirkulationsprozess solle sich so abspielen, dass der Mensch als Persönlichkeit involviert ist. Er betonte dies mit einem Hinweis auf Ausführungen Rudolf Steiners, die im Hinblick auf die Bankenkrisen besonders aktuell erschienen. Nach Steiner zeigte sich ab dem zweiten Drittel des 19. Jahrhunderts,«dass nun durch das Beleihen im großen Stil unter der Ausbreitung des Bankwesens dem Menschen die Herrschaft über die Geldzirkulation eigentlich entzogen worden ist, dass nach und nach der Zirkulationsprozess des Geldes ein solcher geworden ist, der sich [...] unpersönlich abspielt; sodass [...] tatsächlich die Zeit heraufgezogen ist, wo das Geld nun selber wirtschaftet».[63]

Genau das wolle diese Bank nicht. Hier dürfe Wachstum nicht zur Verwässerung der Grundwerte der Freien Gemeinschaftsbank führen.[64]

Grundwerte, Strategie, Unternehmenspolitik

Mit Hilfe einer Beratung durch ein externes Institut besann man sich auf Kernwerte und Grundsätze der Freien Gemeinschaftsbank:

- Anthroposophie und Ethik
- Förderung von Initiativen, die sich der Pflege von Erde, Pflanzen und Tieren widmen
- Mensch und Individualität – Menschen suchen für die Verwirklichung der Ziele der Freien Gemeinschaftsbank
- individueller Organismus, Solidarität
- anderer Umgang mit Geld
- Qualitätsbewusstsein

Auf diesen Grundlagen wurde ein Praxispapier erarbeitet, das Maßnahmen für die Jahre 2007 und 2008 vorsah. Damit war ein gemeinsamer Weg festgelegt.

Dieser Prozess war 2008 abgeschlossen. Die Bank hatte zu diesem Zeitpunkt ihre interne Krise überstanden und die angestrebte Konsolidierung erreicht. Felix Staub übernahm bei der Generalversammlung 2008 das Präsidium von Alfred Frischknecht mit der Aufgabe, die Gratwanderung der Bank zwischen der neu geforderten Professionalität und der Bewahrung der Werte zu meistern.

Gleichzeitig brach die weltweite Krise der Großbanken aus, welche die Problematik bei der Geldzirkulation offenlegte. In der Folge erließ die Finanzmarktaufsicht (Finma) neue Vorschriften, die umgesetzt werden mussten.

Manche – so Markus Jermann in seinem Beitrag zum 25. Jubiläum der Bank 2009 – würden meinen, es sei langweilig, die ursprünglichen Ziele der Bank immer noch verwirklichen zu wollen. Die Bank sei nicht «trendy» genug. Bei allem Ernst – so das Grundsatzpapier – müsse die Arbeit natürlich auch Spaß machen. Aber Steiners Vorschläge seien eben noch nicht im Entferntesten entwickelt. Wenn an diesen Zielen nicht mehr weitergearbeitet werde, so könne man auch die Bank mit gutem Gewissen schließen.

Jermanns Beitrag stand unter dem für die Bank sehr aktuellen Titel «Anthroposophie und berufliche Professionalität».[65]

Die Professionalisierung der Bankarbeit unter Einbeziehung der Grundwerte, die weitere Gestaltung der Differenzierungsphase, Gespräche zu möglichen neuen Räumlichkeiten – wieder ein Mietobjekt suchen oder ein eigenes Haus bauen? – waren wichtige Themen im Verwaltungsrat, die in Zusammenarbeit mit der Geschäftsleitung behandelt wurden.

Auch nach dem Jubiläum war der Wille gegenwärtig, sich nicht von der Regulation und dem Alltagsgeschäft derart einnehmen zu lassen, dass die Entwicklungsaufgaben nicht genügend Raum erhielten. Wie kann im heutigen Finanzumfeld ein «anderer» Umgang mit Geld aussehen? Welche Herausforderungen stellen sich der Bank und der Genossenschaft für die Zukunft? Eine neue Unternehmenspolitik bildete die Grundwerte ab, wies die Richtung, in die sich die Bank entwickeln sollte, und diente später als Ausgangspunkt für das Grundlagenpapier zur Entwicklung (siehe S. 71ff.).

Verschiedene Mietobjekte wurden geprüft, sie vermochten aber nicht zu überzeugen. Gleichzeitig stieg der Zeitdruck, denn im «Unternehmen Mitte» war das Mietrecht befristet. Die Möglichkeit, in bester Lage in Basel ein eigenes Haus zu bauen, erwies sich als mögliche Lösung. Die Entscheidung fiel nach eingehender Prüfung der finanziellen Auswirkungen eindeutig für den Neubau «im Baurecht». Ein neues, großes Projekt wurde ins Leben gerufen, das Verwaltungsrat, Geschäftsleitung und Baukommission über mehrere Jahre beschäftigten sollte.

Eine neue Geschäftsleitung

Im April 2014 ging die Geschäftsleitung auf drei jüngere Mitarbeitende über, die die Verantwortung für die Zukunft zu dritt wahrnehmen: Jean-Marc Decressonnière (Kredit, Compliance), Nathalie Pedrocchi (Kundenservice, Personal, Marketing) und Max Ruhri (Anlagen, Treuhand, Finanzen, Informatik). Sie waren ein Jahr zuvor von Markus Jermann in die Aufgaben der Geschäftsleitung eingeführt worden. Jermann engagierte sich nach seinem Rücktritt aus der Bankgeschäftsleitung bis Ende 2016 als Delegierter des Stiftungsrates, danach als Stiftungsrat in der Stiftung.

Ausblick – Entwicklungsfelder für einen anderen Umgang mit Geld

Als im Jahr 2015 der Neubau eines Bankgebäudes beschlossen wurde, war klar, dass die Freie Gemeinschaftsbank nach diesem Schritt anders in der Öffentlichkeit stehen würde. Bisher fand die Bankarbeit im Zentrum von Basel, umgeben von ehrwürdigen Altbauten, statt. Es war für manche Besucher nicht einfach, die Bank in der Gerbergasse durch den Turmeingang im Gebäude des «Unternehmens Mitte» zu finden. Am neuen Standort ist das Bankgebäude mit seiner markanten Fassade von den Gleisen des Bahnhofs SBB aus gut sichtbar – geradezu exponiert, in einer dynamischen Umgebung, von der aus Züge in viele Städte Europas fahren.

Mit diesem Schritt in die öffentliche Sichtbarkeit erkannten wir die Notwendigkeit, die interne Weiterentwicklung der Bank voranzutreiben. In dieser Zeit erschwerte auch das schwierige Zinsumfeld und die zunehmende Regulationsdichte die Geschäftstätigkeit. Vor diesem Hintergrund wurde Ende 2015 die Entwicklung der Bankstrategie in Angriff genommen. Sie sollte die neue räumliche Situation und die wirtschaftlichen Herausforderungen berücksichtigen. Die äußere Transformation sollte eine innere Entsprechung haben. Die bisherige Tendenz bei der Freien Gemeinschaftsbank, sich «nach innen» zu orientieren, ermöglichte ein starkes Wertebewusstsein und die Bildung innerer Substanz. Die Herausforderung lag nun in der Öffnung nach außen, die nicht in eine Veräußerlichung führen sollte, sondern zu einer öffentlichen Wahrnehmbarkeit der über Jahre gepflegten inneren Werte.

Im März 2017 wurde das von den Mitarbeitenden, der Geschäftsleitung und dem Verwaltungsrat erstellte Grundlagenpapier für die Entwicklungsarbeit (Strategie) durch den Verwaltungsrat verabschiedet. Am 8. Mai, nach nur einer Woche Banktätigkeit im neuen Gebäude, wurde die Umsetzung durch einen Workshop mit den Mitarbeiten-

den der Bank eingeläutet. Alle wurden eingeladen, sich an dieser Arbeit zu beteiligen und Entwicklungsprojekte zu begleiten oder zu leiten.
Im Grundlagenpapier zur Entwicklung wurden in sieben Themenfeldern 19 Stoßrichtungen erarbeitet. Eine Auswahl von acht Stoßrichtungen gibt einen Einblick, wohin die Entwicklung der Bank geht:

1. Initiativen fördern
Wir wollen verstärkt Wertschöpfung und Initiative fördern – durch neue Formen eines solidarischen Risikoausgleichs, den verstärkten Einsatz von Personalkrediten, neue Kapitalformen, einen stärkeren Fokus auf Unternehmen und ihre Bedürfnisse und die Förderung der Lebensfelder, in und aus denen Initiativen entstehen.

2. Präsenz der Bank in den Lebensfeldern
Bedingung für unsere auf einen anderen Umgang mit Geld ausgerichtete Bankarbeit ist die Verbindung mit wertebasierten Institutionen und Menschen.

3. Menschen wahrnehmen
Die Bedürfnisse, Anliegen und Initiativen von Menschen im Umfeld der Bank sind das zentrale Element unserer Arbeit. Sie bewusst wahrzunehmen ist die Grundlage der Beziehung. Wir schulen uns, Interesse für Menschen und ihre Bedürfnisse, Anliegen und Initiativen zu entwickeln und sie wahrzunehmen. Wir prüfen unsere vorhandenen und neu zu entwickelnden Leistungen dahingehend, ob sie einen tatsächlichen Nutzen bringen.

4. Urteils-, Verantwortungs- und Entscheidungsfähigkeit
Bedingung für einen anderen Umgang mit Geld ist die Urteilsfähigkeit jedes Einzelnen, die wiederum Bedingung für Verantwortungs- und Entscheidungsfähigkeit ist. Wir schulen uns selbst und begleiten Kunden auf ihrem Weg.

5. Kosteneffiziente, zeitnahe und unkomplizierte Leistungserbringung
Aufgrund der immer umfangreicheren regulatorischen Anforderungen rücken banktechnische Fragen immer weiter in den Mittel-

punkt – auch zusammen mit dem Kunden. Daher wollen wir mehr Effizienz bei der technischen Umsetzung der Leistungen erreichen.

6. Gesunde wirtschaftliche Entwicklung der Bank
Die Freie Gemeinschaftsbank ist ein Unternehmen, das sich zur Erfüllung seiner Aufgabe wirtschaftlich gesund entwickeln muss. Zugleich soll die Ertragsseite solidarische Elemente enthalten (das heißt unter Berücksichtigung der verbundenen Menschen und Institutionen). Es wird eine harmonische und konstante Entwicklung sämtlicher Finanzaspekte angestrebt. Dazu zählt ein angemessener Spielraum für außergewöhnliche Situationen und die Weiterentwicklung der Bank.

7. Die Bank als Gestaltungsort für alle Mitarbeitenden
Die Freie Gemeinschaftsbank ist Lebens- und Gestaltungsort aller Mitarbeitenden. Von den Möglichkeiten, im Rahmen der eigenen Fähigkeiten zu gestalten, hängt die Freude an der Arbeit und der Erfolg des Unternehmens maßgeblich ab. Daher wollen wir unsere Zusammenarbeit weiterentwickeln, Partizipation, Eigenverantwortung und Mitgestaltung fördern. Eine klare Delegation von Aufgaben ist dafür Voraussetzung.

8. Vertiefung der inhaltlichen Grundlage
Dinge neu denken, um neue Wege zu finden: Die inhaltliche Grundlage ist das Gestaltungsmotiv für die gesamte Bankarbeit. Die Grundlagenforschung ist daher Bestandteil unserer Entwicklungsarbeit, die fachliche Kompetenz der Mitarbeitenden das Werkzeug zur Umsetzung. Vorhandene Leistungen werden auf ihre Vereinbarkeit mit unseren inhaltlichen Grundlagen überprüft.
Die Bank soll zu einem Organ im gesellschaftlichen Lebensprozess werden, das es Menschen ermöglicht, selbstbestimmt und eigenverantwortlich Geldprozesse zu gestalten. Es geht dabei nicht um ein Größenwachstum nach dem Motto: Wir wissen, wie es geht – und wollen immer mehr vom Gleichen.
Die Bank erbringt die nötigen Dienstleistungen und steht den Menschen beratend zur Seite. Sie versteht sich «als partnerschaftliche Mittlerin zwischen Menschen, die Gelder für Initiativen zur Verfü-

gung stellen wollen, und Menschen, die mit diesen Geldern Ideen in die Tat umsetzen».[66]

Die ethische Ausrichtung der finanzierten Projekte wird für die Freie Gemeinschaftsbank genau so zentral bleiben wie in der Vergangenheit. Zugleich ist die Bank für alle da, die einen «anderen» Umgang mit Geld suchen. Rudolf-Steiner-Schulen, landwirtschaftliche Bio-Betriebe, heilpädagogische Einrichtungen, Hersteller von Produkten zur Körperpflege und Medizin sind noch zu Lebzeiten Steiners aus der Anthroposophie hervorgegangen und erhielten durch diese auch fortan wesentliche Impulse. Erst Jahrzehnte später entwickelte sich in diesen Kreisen das Interesse für einen anderen Umgang mit Geld, und eine anthroposophisch inspirierte Banktätigkeit trat hinzu. Warum soll nicht zukünftig ein neues Bankwesen zur Verfügung stehen, das ebenso verbreitet und für alle zugänglich ist? Es geht dabei um die Bereitstellung einer Möglichkeit, die jeder nutzen kann. Wenn ein anthroposophisch erweitertes Bankwesen sich als sinnvoll und fruchtbar erweist, wird es auch erfolgreich sein.

Aber was bedeutet es, mit Menschen unterwegs zu sein zu einem Bankwesen, in dem jeder Einzelne seine Entscheidungen im Lichte des sozialen Kontextes treffen kann. Es kann nicht bei einem Unternehmen bleiben, das Dienstleistungen anbietet, sondern erfordert eine Infrastruktur, in der jeder Beteiligte seinen Weg geht, seinen Beitrag leistet und seine Bedürfnisse im Bereich Bezahlen, Leihen und Schenken befriedigen kann. Die Bank soll ein Organ sein, das Geldprozesse gestaltet, die durch die Entscheidungen einzelner Menschen zustande kommen. Es fehlt nicht nur an «guten» Institutionen, sondern auch an den Fähigkeiten, neu – das heißt selbstbestimmt und den sozialen Kontext wahrnehmend – mit Geld umzugehen. Es gilt, dies zu üben und Institutionen zu entwickeln, in denen dieses Üben möglich ist.

Es muss in der Zukunft nicht bei reinen Bankthemen bleiben. Unter dem Dach der Genossenschaft könnten neben dem Bankgeschäft Handels-, Schulfinanzierungs- oder Landwirtschaftskooperationen entstehen oder bereits bestehende Initiativen sich zusammenschließen. Kann daraus der Beginn des assoziativen Wirtschaftens hervorgehen? Diese Entwicklung braucht Zeit, da wir uns als Menschen mitentwickeln und mitlernen müssen. Bestimmt und selbstbewusst

diesen Weg zu beschreiten und Schritt für Schritt das Mögliche weiterzuentwickeln ist das Ziel. Es gilt, wach zu bleiben für Möglichkeiten, die sich daraus ergeben.
Die Weiterentwicklung der Freien Gemeinschaftsbank ist die Fortsetzung dessen, was in der Vergangenheit von engagierten Menschen in der Bank erarbeitet wurde. Diese Grundlage in der Art weiterzuentwickeln, dass das Zukünftige, das werden will, aufgenommen werden kann – das fordert und fördert uns in unserer täglichen Arbeit.

Max Ruhri, Mitglied der Geschäftsleitung

Aus Gesprächen mit den Mitarbeitenden

Woher kommen die Mitarbeiterinnen und Mitarbeiter der Freien Gemeinschaftsbank, und wie erleben sie «ihre» Bank und ihr eigenes Verhältnis zu dieser Bank?[67]

Die Gespräche ergaben, dass sich die Mitarbeitenden im Kontext einer vom Verwaltungsrat und der Geschäftsleitung bewusst ergriffenen Herausforderung und einer konturierten Strategie als Persönlichkeiten wahrgenommen und gefördert fühlen. Die persönlichen Wege zu dieser Bank sind vielfältig; aufmerksam auf diese Bank wurden die meisten, weil diese einen *anderen* als den systemischen Umgang mit Geld anstrebt.

Das Interesse an einer Tätigkeit gerade in dieser Bank kam in folgender Weise zum Ausdruck: Die Freie Gemeinschaftsbank gebe keine fertigen Antworten auf Fragen, sie habe noch «Stammzellencharakter», man könne sich dort einbringen, dort erlebe man Flexibilität, Differenzierungsmöglichkeiten, kurz: Entwicklungspotenzial.

Hier gehe man vom freien und entscheidungsfähigen Menschen aus, von individueller Freiheit und Kooperation. Ein Weg, auf dem man sich als Mensch treu bleiben könne. «Plötzlich sehe ich Menschen, die Zinsen verschenken! Was für ein Kulturschock! Für mich war Steiner ein Philosoph. Die Auseinanderset-

15. Die Kundenzeitschrift *transparenz* entstand 1997 als Nachfolgerin des *Rundbriefs*, der seit den Anfängen vierteljährlich über die Bank informierte. Bis heute sind mehr als 70 Ausgaben erschienen. Die heute halbjährlich erscheinende Zeitschrift erreicht eine Auflage von 6000 Exemplaren.

Freie Gemeinschaftsbank **transparenz**
Die Kundenzeitung der Freien Gemeinschaftsbank Genossenschaft
Nr. 75 | Januar 2018

Editorial

Inhalt

Mit Phantasie und Mut Zukunft gestalten

Wenn diese Ausgabe der *transparenz* vor Ihnen liegt, sind bereits neun Monate vergangen, seit die Bank von der „Mitte" an der Gerbergasse – mitten in der Altstadt – an die Meret Oppenheim-Strasse bei der Margarethenbrücke umgezogen ist. Der Bankbetrieb war nach wenigen Tagen wieder installiert.

Schauen wir heute auf das Haus mit den hellen, individuell gestalteten Arbeitsplätzen, der Cafeteria im Dachgeschoss mit Ausblick auf die Stadt, dem Garten auf der Südseite, dem einladend gestalteten Eingang, kann der Entscheid zu einem Neubau als Erfolgsgeschichte in der Bankbiografie erlebt werden. Der Beschluss, ein eigens für die Bank konzipiertes Haus zu bauen, war begleitet von einem Prozess, in dem wir – alle in der Bank Tätigen, unterstützt durch die Mitglieder der Genossenschaft – uns damit beschäftigt haben, welche Themen wir in der Zukunft speziell gewichten wollen und wie. Zwei Prozesse haben wir in den letzten fünf Jahren nebeneinander vorangetrieben: den Neubau, bei dem die Termine von aussen vorgegeben waren und laufend Entscheidungen gefällt werden mussten, und die Entwicklung der Bankarbeit – hier haben wir Tempo und Intensität selber bestimmt.

«… kann der Entscheid zu einem Neubau als Erfolgsgeschichte in der Bankbiografie erlebt werden.»

Innerer Prozess

Ich blicke in den folgenden Zeilen auf den inneren Prozess: das nicht sichtbare Bauen an unseren Grundlagen, an der Durchlässigkeit, das, was werden will, zu erkennen und zu integrieren, am Begreifen, wie Geldströme und Soziales zusammenhängen. Wie kann die Bank Schritt für Schritt sich den Idealen einer Dreigliederung in der Gesellschaft, einem sinnstiftenden Umgang mit Geld annähern?

Besonders wichtig in diesem Entwicklungs- und Verwandlungsprozess ist für uns der Blick auf das Ganze: Von wo gehen wir aus? Wir sehen es als unsere Aufgabe, die Wertebasis, die vor 33 Jahren zur Gründung der Freien Gemeinschaftsbank geführt hat, zusammenzubringen mit dem, was sich heute als Fragen und Spannungsfelder im Ringen um einen „anderen" Umgang mit Geld ergibt.

«Wir sehen unsere Chance, als unvoreingenommene Mittlerin ein Organ zu bilden …»

Zwischen Vergangenheit und Zukunft

Das Spannungsfeld zwischen Vergangenheit und Zukunft fordert uns heraus, wachsam und mutig unsere Ziele und Entwicklungsschritte zu planen. Ein immenses Wissen steht heute weltweit jedem Menschen zur Verfügung – wozu nutzen wir es? Die sozialen Strukturen sind hauptsächlich auf Bestandeswahrung ausgerichtet, neue national und international abgestimmte Regelwerke schränken die individuelle Freiheit ein. Der Gestaltungsraum für das Individuum wird enger, gleichzeitig eröffnet die technische Entwicklung neue Möglichkeiten. Auch hier stellt sich wieder die Frage: Wozu nutzen wir sie? Als Antwort auf die grösste Vertrauenskrise gegenüber Banken und Finanzmärkten erlebten die Kryptowährungen einen grossen Aufschwung. Die digitalen Währungen warben mit dem Slogan „Dem Menschen oder der Mathematik vertrauen!" Vertraue ich jedoch wirklich dem Menschen, wenn ich im Internet Geld „schöpfe"? In welchem Verhältnis stehe ich zu den anderen Menschen, die dasselbe tun?

Organbildung als Aufgabe

Was kann die Aufgabe der Freien Gemeinschaftsbank heute im Umgang mit den Folgen der oben skizzierten Verhältnisse sein? Wir sehen unsere Chance darin, als unvoreingenommene Mittlerin ein Organ zu bilden zwischen Menschen, die Geld zur Verfügung stellen, und Menschen, die für die Umsetzung ihrer Initiativen und Projekte die nötigen Mittel suchen. Unsere Richtung bleibt – ungeachtet von Trends –, den Menschen möglichst viel Selbstbestimmung zu gewähren und Unterstützung dort anzubieten, wo sie Bedarf haben. Das heisst, Mittel und Wege zu suchen, um dem, was sich heute in den Lebensfeldern manifestiert, mit Phantasie, Transparenz und Mut zu begegnen. Das setzt voraus, dass wir die sozialen Verhältnisse ebenso reflektieren wie unser Tun und Entwicklungsschritte daraus erarbeiten – im Bewusstsein, dass es in unserer Verantwortung liegt, unser Tun in die gewollte Richtung zu lenken.

Margrit Bühler
Vizepräsidentin Verwaltungsrat

1

zung mit Texten war nicht meine Sache. Aber den Menschen begegnen, Anthroposophie leben, das ja.»

Auffallend ist, dass Selbstbeobachtung, das Erkennen eigener Schwächen und Stärken in der Arbeit und im zwischenmenschlichen Umgang wie selbstverständlich als Herausforderungen für die eigene Entwicklung aufgefasst werden. Dabei wird hervorgehoben, dass seitens der Geschäftsleitung Probleme bearbeitet und gegebenenfalls mit externer Unterstützung gelöst werden. Eine Einrichtung neueren Datums sind Projektgruppen bei Veränderungswünschen, die jeder Mitarbeitende einbringen kann. In kurzen Abständen mehrfach wöchentlich beraten drei bis vier Mitarbeitende das Problem innerhalb von ein bis zwei Monaten.

Bei allen Gesprächen kam zum Ausdruck, dass die Mitarbeitenden sich individuell durch die Bank gefördert fühlen durch Beratung und Begleitung im «Learning by doing» sowie finanziell und im Hinblick auf die Organisation der Arbeitszeiten bei der Aus- und Weiterbildung in fachspezifischen Einrichtungen, darunter auch bei längeren berufsbegleitenden Studiengängen an Fachhochschulen. Geschätzt werden auch die obligatorischen internen Weiterbildungen für alle Mitarbeitende. An diesen Tagen bleiben die Bankschalter geschlossen. Auch historische Themen werden behandelt und fördern ein Bewusstsein von der Rolle des Geldes in der Geschichte der Menschheit. Bei der monatlichen Mitarbeitersitzung geht es um aktuelle Fragen, die das Bankgeschäft betreffen, oder auch um Entwicklungsfragen.

Außerdem gibt es immer wieder seminaristische Weiterbildungen. Hinzu kommt, dass mit jeder Mitarbeiterin und mit jedem Mitarbeiter jährlich ein Entwicklungsgespräch geführt wird.

Mit Blick auf das Leben der Bank in Gegenwart und Zukunft wird betont, wie der rechtliche Rahmen der Bankenregulierung es der Freien Gemeinschaftsbank schwermache, ihren Zielen entsprechend zu handeln. Die Bank sei eine Pflanze, die man pflegen müsse. Auch müsse man immer wieder Menschen finden, die im Sinne der Bank arbeiten wollen. Es stelle sich auch die Frage, ob und wie Neues aufgegriffen werde oder ob man einfach so weitermache. Es genüge nicht, die traditionellen Werte zu schätzen, auch neue Impulse müssten aufgegriffen werden. Die Bank dürfe nicht zu schnell wachsen. In dieser Hinsicht sei der geplante Neubau eine große Herausforderung. Anthroposophie, offen und konstruktiv praktiziert, werde hier erlebt. Es müsse eine Gedankenbildung angestrebt werden, die bis in den Willen hineinwirkt. Im Grunde könne man die Beziehungen innerhalb der Mitarbeiterschaft als eine Art Wahlverwandtschaft verstehen.

Beiträge aus der Weiterbildung und wissenschaftliche Studien von Mitarbeitenden

In den Archivbeständen der Bank befindet sich eine umfangreiche Sammlung von Berichten aus der bankinternen Weiterbildung. Hier eine Themenauswahl aus den Achtziger- und Neunzigerjahren:

- Fragen zur Eigenkapitalproblematik
- Auf der Suche nach dem großen Atem, Anthroposophenbank?
- Geld und Bewusstsein. Ist Eigentum wirklich Diebstahl?
- Bewegungsansätze aus dem Menschheitlichen
- Gemeinschaftsbank und Bodenfrage
- Bankentagung in Dornach 1991
- Innere Aspekte unserer Bankarbeit
- Der Schulungsweg des Bankiers
- Geld ohne Zinsen und Inflation
- Die Zukunft der biologisch-dynamischen Landwirtschaft

Daneben entstanden von der Freien Gemeinschaftsbank unterstützte wissenschaftliche Studien von Mitarbeitenden, so zum Beispiel die schon genannte Untersuchung von Max Ruhri zur Ethik eines erweiterten Bankwesens (siehe S. 64). Weitere Studien aus den letzten Jahren betreffen wichtige Bereiche der Bankarbeit. Rudolf Schnuderl widmete sich in seiner Untersuchung der Förderung der Landwirtschaft, und Hildegard Backhaus Vink betrachtete das Marketing in einer Institution, in der Profitmaximierung und Spekulation ausgeschlossen sind. Beide Arbeiten gingen vom Erfahrungsfeld der Freien Gemeinschaftsbank aus.

Diese Arbeiten konfrontieren die in der Bank gelebte Praxis mit den aktuellen wissenschaftlichen Erkenntnissen auf den verschiedenen Gebieten. Rudolf Schnuderl beschreibt in seiner Arbeit die Bedingungen der Kreditvergabe vor allem im Bereich Landwirtschaft. Die Finanzierung landwirtschaftlicher Höfe ist ein wichtiges Anliegen der Freien Gemeinschaftsbank. Aber sie steht aus rechtlichen Gründen vor der Problematik, Kreditlimits respektieren zu müssen, die eine Finanzierung durch die Bank erschweren. Welche alternativen Finanzierungsmodelle wären denkbar? Dazu hat der Autor Vorschläge erarbeitet. Außerdem kann seine Arbeit als Nachschlagewerk zur Orientierung in der komplexen Gesetzgebung dienen.

Hildegard Backhaus Vink hat in ihrer Arbeit für die Freie Gemeinschaftsbank ein Marketingkonzept entwickelt, das bislang so noch nicht vorlag. Darin wird die aktuelle Situation der Bank in diesem Bereich analysiert und im Anschluss daran eine ganze Palette verschiedener Maßnahmen vorgeschlagen – nicht nur für Werbung und Öffentlichkeitsarbeit, sondern auch für die Außenwahrnehmung, Mitarbeiterschulung und Vernetzung. Angestrebt wird die Vermittlung eines adäquaten Bildes der Bank, ihrer Ziele und ihrer Arbeit ohne die heute gängigen manipulativen Praktiken, mit denen ein Produkt dem Verbraucher schmackhaft gemacht werden soll. Menschen sollen angesprochen werden, die sich für die Ziele der Bank interessieren.

In seiner Untersuchung zum Thema *Konzeptionelle Ausarbeitung und Vorbereitung der Einführung des Produktes Leih- und Schenkgemeinschafts-Darlehen in der Freien Gemeinschaftsbank* hat Mischa Vodička ein Konzept entworfen, auf dessen Grundlage die Einführung solcher Produkte geprüft werden kann. Das jeweilige Produkt muss den heutigen rechtlichen und gesetzlichen Anforderungen genügen, soll kundenfreundlich und dabei möglichst wirtschaftlich sein sowie an die bestehenden Produkte der Freien Gemeinschaftsbank angelehnt bleiben, damit auf die vorhandenen Ressourcen (Vertragsunterlagen, Mitarbeiter-Know-how etc.) aufgebaut werden kann.

In Gesprächen mit juristischen und bankfachlichen Experten wurden daher alle Abklärungen vorgenommen, um die Konformität des Produktes mit den Regeln des Bankwesens und den Gesetzestexten sicherzustellen. In Umfragen und Besprechungen mit

Mitarbeitenden der Freien Gemeinschaftsbank und mit potenziellen Kunden hat der Verfasser eruiert, was sich diese Anspruchsgruppen von dem Produkt versprechen und welche Wünsche sie für die Ausgestaltung haben. Aufgrund dieser Erkenntnisse und Informationen konnte der Aspekt der Kundenfreundlichkeit in das Konzept einfließen. Wirtschaftlichkeit und geringer administrativer Aufwand sind die beiden zusätzlichen Eigenschaften, denen das neue Produkt genügen muss. Die Arbeit mündet in eine konkrete Handlungsempfehlung, die als Prozessablauf für die Abwicklung eines Leih- und Schenkgemeinschafts-Darlehens entworfen wird.

Thomas Pittracher hat sich in seiner Arbeit mit der Umkehrhypothek als Beitrag zur Altersvorsorge befasst.

Nach der Pensionierung sinkt in der Regel das Einkommen für Eigenheimbesitzer. Die hypothekarische Belastung bleibt jedoch gleich hoch. Die Bankenrichtlinien setzen ein bestimmtes Verhältnis zwischen Einkommen und Fixkosten voraus. Sinkt dieses unter das gesetzte Minimum, muss unter Umständen das Eigenheim verkauft werden, was oft emotional sehr belastend ist. Die Umkehrhypothek *(reverse mortage,* auch Immobilienrente genannt) ist eine Aufstockung einer (teilweise) abbezahlten Hypothek auf Wohneigentum. Dadurch kann neben dem Verbleib im Eigenheim die Rente aufgebessert werden. Gebundenes Kapital wird verflüssigt, ein Teil für den Lebensunterhalt ausbezahlt, ein anderer für den Kapitaldienst reserviert.

Jean-Marc Decressonnière, Mitglied der Geschäftsleitung, hat sachlich fundiert und für Fachleute wie auch für Laien gut nachvollziehbar dargestellt, wie heute Banken Geld «schöpfen» – ein sehr aktuelles Thema im Zusammenhang mit der 2018 zur Abstimmung gelangenden «Vollgeldinitiative». Seine drei Artikel umfassende Darstellung ist in der *transparenz* erschienen und hat über die Schweiz hinaus großes Interesse ausgelöst.[68] Bahnbrechend ist seine Arbeit insofern, als selbst in Bankenkreisen bisher kaum bekannt war, dass und wie Banken Geld schöpfen. Entsprechend groß war das Echo in verschiedenen Medien.

Sichtweisen aus der Bankenwelt

Mein Gesprächspartner ist erfahrener Bankier, Mitinhaber eines traditionsreichen Familienunternehmens mit 200 Mitarbeitenden. Seine Kunden erwarten von ihrer Bank in erster Linie, dass sie ihr Vermögen so verwaltet, dass es erhalten und möglichst vermehrt wird. Das Potenzial eines Vermögens – in wörtlicher Bedeutung: was das Vermögen kann – wird so genutzt, dass der Gewinn an den Kunden zurückfließt.

Die Freie Gemeinschaftsbank ist ihm bekannt. Zwar würden seine Kunden auch in Obligationen und Aktien nachhaltiger Projekte investieren, doch umwelt- und sozialverträgliche Ausleihungen, wie sie die Freie Gemeinschaftsbank praktiziert, hätten in dem gewinnorientierten Bankwesen keinen Platz. Es gehöre zu den Stärken der Freien Gemeinschaftsbank, ein Geschäftsmodell zu haben, das andere Banken gar nicht wollen, ja auch nicht umsetzen könnten. Ein solches Modell, das enge zwischenmenschliche Beziehungen voraussetzt, könne auch keinen «Wachstumsboom» auslösen. Besonders hervorzuheben sei, dass die Freie Gemeinschaftsbank die Liste ihrer Kreditnehmenden veröffentlicht, weil man sich dann als Investor besser «outen» könne. Aus seiner Sicht bewege sie sich mehr oder weniger konkurrenzlos in einer Nische. Gerade das mache sie zukunftsfähig. Mit Blick auf den ethischen Ansatz halte er dieses Geschäftsmodell für sehr nachahmenswert. Dafür brauche man Leute mit anderem «Geist», der nicht gewinnorientiert sei.

Die Anerkennung des ethischen Ansatzes bei der Freien Gemeinschaftsbank und ein gewisses Bedauern darüber, dass das herkömmliche Bankwesen durch die Fesselung an die übliche Gewinnmaximierung nicht in der Lage sei, eine ähnliche Praxis in ihr Geschäftsmodell zu integrieren, nehme ich aus diesem Gespräch mit.

Im Sinne dieser üblichen Banktätigkeit würde «enkelgerecht» bedeuten, dass ein Familienvermögen erhalten oder vermehrt wird und an Kinder und Kindeskinder vererbt werden kann. Im Fokus der Freien Gemeinschaftsbank steht nicht die Vermögensbildung, sondern die soziale und ökologische Wirkung von Initiativen, die durch Kredite aus Vermögen gefördert werden.

Mein zweiter Gesprächspartner ist Wirtschaftsprüfer und kennt die Freie Gemeinschaftsbank näher, da er dort zeitweise mit der internen Revision beauftragt war. Ihn beeindruckte die Atmosphäre in den Räumlichkeiten, die «völlig anders» als bei anderen ihm bekannten Banken empfunden wurde. Ihm fiel die starke Fokussierung auf Kreditnehmende mit ethisch-sozialem bzw. anthroposophischem Hintergrund auf. Auffallend sei auch, dass bei Kreditgesuchen den dahinterstehenden Menschen große Beachtung geschenkt werde. Das Treuhandgeschäft beurteilte er als möglicherweise einzigartig in der schweizerischen Bankenlandschaft, als sehr interessant, aber auch sehr anspruchsvoll.

Kritisch beurteilte er es, bewusst keine unversteuerten Gelder anzunehmen, da die Herkunft des Geldes kaum überprüfbar sei und dies tendenziell den «gläsernen Bürger» voraussetze. Weiterhin sei es nur begrenzt möglich, spekulative Anlagen zu vermeiden, denn wenn freie Mittel bei anderen Banken angelegt werden, könne kein Einfluss auf deren Umgang mit diesen Mitteln ausgeübt werden.

Der ethische Ansatz der Freien Gemeinschaftsbank wird von ihm positiv beurteilt. Ein großes Plus seien die Genossenschafterinnen und Genossenschafter, die Mitglieder des Verwaltungsrates und der Geschäftsleitung sowie die Mitarbeitende, weil sie sich in hohem Maße mit der Bank identifizieren und dadurch besondere Leistungen wie zum Beispiel Zinsverzicht erbringen. Das stimme zuversichtlich für die Zukunft dieser Bank, auch wenn die wachsende Regulierung diese enge Zusammenarbeit, in die auch die Kreditnehmenden einbezogen werden, gefährden könnte. Die Zukunft hänge aber auch davon ab, ob es der Bank gelingt, mit engen Margen im Kreditgeschäft ihre Kosten zu decken und die Eigenmittelanforderungen zu erfüllen, ob sie von

16. Konzert im Saal der Freien Gemeinschaftsbank bei der Eröffnungsfeier im Juni 2017.

größeren Kreditausfällen weiterhin verschont bleibt und Klumpenrisiken[69] vermeiden kann.

Als nachahmenswert wird der Umgang mit den Kunden, insbesondere den Kreditnehmenden, genannt. Ein solches menschliches Interesse könne von rein gewinnorientierten Banken nicht erwartet werden. Dem Wachstum der Freien Gemeinschaftsbank wären durch den beschränkten Personenkreis, der sich für deren Anlageformen interessiere, natürliche Grenzen gesetzt.

Die Stiftung Freie Gemeinschaftsbank – Perspektiven für Schenkgeld

Die Bürgschaftsgenossenschaft zur Förderung freier Initiativen hatte auf die Gründung der Freien Gemeinschaftsbank hingearbeitet und hätte im April 1984 eigentlich aufgelöst werden können, da ihre Aufgaben von nun an von der Bank wahrgenommen wurden. Die Bürgschaftsgenossenschaft hatte aber noch Verpflichtungen aus der Vergangenheit, deren Abwicklung noch Jahre in Anspruch nahm, sodass die Auflösung erst 2001 stattfinden konnte. Nach Auszahlung des Genossenschaftskapitals verblieb ein Guthaben von 50 000 Franken.

Mit diesem Betrag wurde 2001 die Stiftung *Förderfonds der Freien Gemeinschaftsbank BCL* gegründet, die von der Bank um nochmals 50 000 Franken aufgestockt wurde, sodass sie ihre Tätigkeit mit einem Schenkgeld von 100 000 Franken aufnehmen konnte. Ende Juni 2008 wurde sie in *Stiftung Freie Gemeinschaftsbank* umbenannt.

Die Stiftung kann als Verantwortliche für Schenkgeld wie eine weitere Entwicklungsstufe der Bank aufgefasst werden, die es vor allem mit Leihprozessen zu tun hat. Bei ihr hat der Versuch, mit Geld «anders» zu arbeiten, größere Dimensionen, als es die Rahmenbedingungen der Bank erlauben, denn es geht ihr explizit um das soziale Fruchtbarmachen von Schenkgeld, dem die Kraft innewohnt, Freiräume zu schaffen.

Projekte und Initiativen können innerhalb der Stiftung Projektfonds bilden, die im Einzelnen ausgewiesen werden. Auf die Projektfonds können dann für die einzelnen Projekte und Initiativen Spenden eingezahlt werden. Diese können dank der anerkannten Gemeinnützigkeit der Stiftung steuerlich geltend gemacht werden. Die Projekte sind äußerst vielfältig, manches

Bekannte steht neben Überraschendem, zum Beispiel dem Aufbau von Wasserretentionslandschaften innerhalb eines Friedensforschungsprojekts (Portugal), der Vergabe von Aufträgen für «Kunst am Bau», der Projektfinanzierung von *Mysteriendramen hautnah,* unter anderem mit der Inszenierung eines Auszugs von *Faust II* als «Wirtschaftswunderkrimi» (aufgeführt bei der Generalversammlung der Freien Gemeinschaftsbank am 26. April 2014). Ein weiterer ausgesprochen freilassender, zukunftsgerichteter Projektfonds betrifft die Förderung des *Initium-Impulses,* ein «Pionierprojekt des ‹Nichtprojektierbaren›».[70]

Weitere Beispiele für die Unterstützung durch stiftungseigene Fonds sind ein Projekt zur Verbreitung organischer Architektur, die Förderung eines Eurythmie-Ensembles in St. Petersburg, die Förderung eines gemeinnützigen Geldwesens (Ethic Capital in Tiflis, Georgien)[71] sowie unterschiedliche anthroposophische Initiativen in Osteuropa (Moskau, Tschechien, Armenien).

Überhaupt sind gestalterische Impulse für die Zukunft ein Hauptanliegen der Stiftung. So sieht sie sich heute als Initiativstiftung, weniger als Vergabestiftung. Es steht dabei nicht die Frage im Vordergrund, wie viel Geld aus einem Topf verteilt werden soll, eher sind Aspekte der Entwicklung, Unterstützung und Vermittlung, auch in Erbangelegenheiten, von Bedeutung.

Die Bilanzsumme lag 2002 bei rund 340 000 Franken, zehn Jahre später bei rund 1 100 000 Franken, 2014 bei rund 2 260 000 Franken und Ende 2016 bei 3 500 000 Franken. Ab 2014 wurde die Arbeit neu gestaltet und erheblich intensiviert. 2013 gab es über hundert Projektanfragen, 2014 waren es etwa 150 und 2016 sogar 200.

Bei näherem Hinsehen kann man gewahr werden, dass in dieser Initiative – so wie sie von den Verantwortlichen intendiert ist – erhebliche Gestaltungskräfte wirken, die in die gesellschaftlich-soziale Zukunft wirken.

Entwicklungsrichtung der Stiftung

Im Sommer 2014 begannen sich Mara Staudinger und Markus Jermann intensiv mit der zukünftigen Stiftungsarbeit zu beschäftigen. Über zwei Jahre lang haben sie beobachtet, welche Menschen zur Stiftung kommen und welche Fragen und Gedanken an sie herangetragen werden. Ihre Überlegungen und Impulse für die Zukunft haben sie in einem Grundsatzpapier unter dem Motto *Wo wir stehen und wie wir arbeiten* erfasst.

Seit März 2017 arbeitet Viktoria Schwab in der Geschäftsstelle der Stiftung zusammen mit Luca Flury (Administration und Geschäftsleitung). Begleitet vom Stiftungsrat entdecken und entwickeln sie die Arbeit in der Stiftung und setzen gefasste Entscheide um.

Mara Staudinger, Geschäftsführerin der Stiftung, geht hier den Fragen und Gedanken nach, welche die heutige Stiftungsarbeit prägen und in die Zukunft begleiten sollen.

Die Stiftung soll einen Raum bieten, wo Menschen mit Fragen zum Thema Geld Erfahrungen sammeln und den Umgang mit Geld üben können, wo sie die eigene Initiative präzisieren und ihre Impulse formulieren und ausarbeiten können. Die Stiftung bietet mit Fachwissen und einer Infrastruktur für Schenkgeldprozesse wert- und personenzentrierte Unterstützung an. Sie will eine Art Spiegel sein, keinesfalls die Verantwortung abnehmen und «entmündigen». Die Menschen sollen an ihren Fragen erwachen, eigene Kräfte entdecken und entwickeln können.

Anliegen und Projekte sollen individuell betrachtet werden: Erscheint eine Zusammenarbeit sinnvoll? Können und wollen die Beteiligten auf einer gemeinsam erarbeiteten Grundlage zusammenarbeiten?

Der Gedanke, dass die Stiftung Freie Gemeinschaftsbank das Selbstverständnis einer Entwicklungsorganisation hat und nicht einer Wohlfahrtseinrichtung, soll weiter verankert und den zukünftigen Herausforderungen entsprechend fortgeführt werden. Der Blick ist auf die Entwicklungsmöglichkeiten der einzelnen Menschen gerichtet. Es reicht nicht aus, Menschen mit Geld auszustatten und ihnen

womöglich gerade dadurch die Verantwortung für ihr Tun und ihren Umgang mit Geld abzunehmen.
Die Frage, ob und in welcher Art ein Beitrag geleistet werden kann zur Verbesserung, Heilung und Gesundung der bestehenden Verhältnisse, ist für die Stiftungsarbeit wesentlich. Das Streben nach menschengemäßen Verhältnissen bedeutet auch immer Arbeit an sich selbst – als Suche nach dem Gleichgewicht zwischen Unbewusstem und Bewusstem sowie den Erkenntnissen, die sich im Prozess manifestieren.
Die bisherigen Erfahrungen aus der Stiftungsarbeit zeigen: Die Menschen wollen lernen. Wer Geld übrig hat, will es nicht einfach nur verschenken. Dieser Mensch leidet vielleicht darunter, dass er in der Gesellschaft über sein Vermögen definiert wird. Er will vielleicht den Umgang mit seinem Vermögen «lernen» und sich der davon ausgehenden Verantwortung bewusst werden. Wichtig ist auch die Frage: Wie kann ich mich meinem Umfeld gegenüber abgrenzen?
Was erleben wir in der Stiftung mit Menschen, die auf der Suche nach Geld sind? In den Gesprächen gilt es herauszufinden, wofür sie Unterstützung brauchen. Benötigen sie wirklich nur Geld? Ist vielleicht nur ein ausführliches Gespräch erforderlich, oder ist eine längere Beratungs- und Entwicklungsbegleitung nötig? Häufig treten bisher nicht beachtete persönliche und soziale Aspekte zutage – Konstellationen, Beziehungen, Grundsätze und Vorstellungen –, die nicht mehr hinterfragt werden und als Hindernisse auf dem Weg der Umsetzung gar nicht erkannt werden. In solchen Fällen ist es unsere Aufgabe, deutlich zu machen, dass die Reflexion der Ziele und der menschlichen Beziehungen in einem Projekt oder einer Initiative eine heilende Wirkung haben kann.
Ein wichtiger Aspekt bei der Stiftungsarbeit betrifft die Nachhaltigkeit – in der heutigen Zeit ein abgenutztes Wort. Welche Bedeutung hat Nachhaltigkeit für die Stiftungsarbeit? Kann ein Projekt oder eine Initiative langfristig für sich selber in der Welt bestehen, ist sie sowohl wirtschaftlich als auch sozial gesund, sodass die beteiligten Menschen nicht «ausbrennen»? Gibt es eine tragende Gemeinschaft?
Prägend für die Stiftungsarbeit ist auch die Frage: Was geschieht, wenn wir Wirtschaftliches, Künstlerisches und Soziales getrennt be-

trachten und unterschiedlich werten? Bildet diese Trennung einen ganzen, gesunden Organismus ab? Warum sollte ein in einem Produktionsbetrieb tätiger Mensch nichts mit künstlerischen Prozessen zu tun haben? Warum sollte ein Künstler nichts mit Wirtschaftsprozessen zu tun haben? Warum soll er nicht auch in der Wirtschaft tätig sein und so seinen Lebensunterhalt verdienen? Jeder Mensch entscheidet für sich, wie und wo er in der Welt tätig sein will. Wenn jemand sich ganz einer künstlerischen Aufgabe zuwenden will, findet er vielleicht Menschen, die seine Tätigkeit unterstützen und es ihm dadurch erlauben, seinen Intentionen zu folgen. Wenn nicht, besteht vielleicht gerade die Herausforderung – die Lebenskunst – darin zu fragen, welche anderen Wege innerhalb der heutigen Gesellschaftsstrukturen ihm eine künstlerische Tätigkeit ermöglichen könnten.

Unsere Stiftungsarbeit richtet sich auf den einzelnen Menschen. Wir wollen ihn ernst nehmen mit seinen Bedürfnissen, Fähigkeiten und Anliegen, mit ihm zusammen arbeiten, wach bleiben und gemeinsam schauen, was aus der Welt auf die Stiftung zukommt und was aus der Stiftung selbst sich entwickelt. – Diese Motive sollen die Stiftungsarbeit in die Zukunft leiten.

Mara Staudinger, Geschäftsleitung der Stiftung Freie Gemeinschaftsbank

Nachwort

Die unsichtbar-sichtbare Bank

1989 waren die Darlehen, die die Gründung der Freien Gemeinschaftsbank ermöglicht hatten, durch die Zeichnung von Genossenschaftsanteilen abgelöst. Das Interesse an dieser Bank war gewachsen.

Die Tatsächlichkeit der Bank ist weitgehend unsichtbar, seelisch-geistiger Natur. Der sichtbare Ort der Bank würde ohne ihren unsichtbaren Teil gar nicht in Erscheinung treten können. Vielleicht ist es im 21. Jahrhundert möglich, die Existenz solcher Phänomene anzuerkennen, bevor ihr spezifisches Sein begriffen werden kann.

Die Grundsätze der Freien Gemeinschaftsbank erfordern die Auseinandersetzung mit der Frage: Wofür will ich Verantwortung oder Mitverantwortung übernehmen? Will ich etwas tun, was ich als «richtig» empfinde, was ich mir selbst gegenüber verantworten kann? Verantwortung übernehmen beschränkt sich aber nicht nur darauf. Es bedeutet auch, die Konsequenzen meiner Entscheidung zu akzeptieren. Die Konsequenzen aber liegen in der Zukunft und können andere sein, als ich es mir vorgestellt habe. Die Freie Gemeinschaftsbank wird von Menschen getragen, die eine innere Kohärenz dieser Art anstreben und ihr Engagement in Mitverantwortung der gemeinsamen Ziele wahrnehmen, auch die Konsequenzen von Fehlentscheidungen, vom Scheitern eines Projekts usw.

Diese Überlegungen können verständlich machen, warum die Freie Gemeinschaftsbank ihre Arbeit nicht als System oder Organisation verstanden wissen will, auch wenn Letztere bis zu einem gewissen Grad vorhanden sein muss. Und natürlich wird auch in der Freien Gemeinschaftsbank eine Bankensoftware verwendet, die rechnerische Größen sehr rasch für die Entscheidungsfindung bereitstellt, etwa beim Risikomanagement. Die Abgrenzung zwischen verantwortungsvollem Abwägen und rechnerischem Kalkül ist da sicher nicht immer einfach, doch es ist ein Problembewusstsein dafür vorhanden.

Dieses Buch ist eine Art Bilanz, die Herkunft und Gegenwart dieses Unternehmens als schweizerische Metamorphose der ursprünglichen Vorschläge Steiners zu einem bankähnlichen Institut beschreibt. Sie ist auf ihre Art und Weise Zeugnis dafür, dass es sich lohnt, eine Bank anders als üblich zu betreiben. Die Freie Gemeinschaftsbank ist nicht *gegen* den Mainstream gegründet, sondern steht *für* einen andern Umgang mit Geld. Und der Versuch dauert schon mehr als 33 Jahre, was Kontinuität und Entwicklungsfähigkeit zeigt.

Anhang

I. Die Gründungsmitglieder vom 29. April 1984

Ackeret, Hans, Schweiz
Ackermann, Johannes, Deutschland
Amiet, Rolf, Schweiz
des Arts, Jean, Schweiz
Bänziger, Max, Schweiz
Bardorf, Oskar, Deutschland
Barkhoff, Martin, Deutschland
Barkhoff, Wilhelm Ernst, Deutschland
Biesantz, Hagen, Deutschland
Dierauer, Gerta, Schweiz
Dierauer, Walter, Schweiz
Drenkhahn, Anne-Margret, Deutschland
Fink, Albert, Deutschland
Fünfschilling, Franz, Schweiz
Gautschi, Ernst, Schweiz
Grob, Richard, Schweiz
Grosse, Erdmuth, Schweiz
Harrer, Margrit, Schweiz
Harrer, René, Schweiz
Hasler, Hans, Schweiz
Heim, Walter, Schweiz
Hemberger, Benjamin, Schweiz
Hiebel, Friedrich, USA
Hollinger, Ida, Schweiz
Jaquet, Hendrika, Schweiz
Kerler, Rolf, Deutschland
Kurer, Hans, Schweiz
Kurer, Margrit, Schweiz
Lebküchner, Willi, Schweiz
Lippuner, Silvia, Schweiz
Lüthi, Albert, Schweiz
Lüthi, Christoph, Schweiz
Meyer, Hans, Schweiz
Meyer, Werner, Schweiz
Ott, Alice, Schweiz
Ott, Gustav Schweiz
Ott, Olga, Schweiz
Pfiffaretti, Ursula, Schweiz
Räss, Monika, Schweiz
Räss, René, Schweiz
Reuther, Gisela, Deutschland
Siegel, Margrit, Schweiz
Siegel, Werner, Schweiz
ten Siethoff, Hellmuth J., Niederlande
Smit, Jörgen, Norwegen
Spitzbarth, Anna, Schweiz
Schaefer, Paul, Schweiz

II. Mitglieder des Verwaltungsrats und des Verwaltungsratsausschusses der Freien Gemeinschaftsbank von 1984 bis 2017

Name	Dauer des Mandats	Bemerkungen
Carl Wunderlin	1984–1985	Präsident
Hans Hasler	1984–1987	
Ursula Piffaretti	1984–1991	
Franz A. Fünfschilling	1984–1995	Verwaltungsratsausschuss
Max Bänziger	1984–1994	Verwaltungsratsausschuss
René Harrer	1984–2000	Verwaltungsratsausschuss. Vizepräsident 1984 bis 1985, Präsident 1986 bis 2000
Willi Schweighauser	1984–2012	Verwaltungsratsausschuss. Sekretär 1984 bis 1995, Vizepräsident 1996 bis 2012
Rolf Kerler	1984–2004	Verwaltungsratsausschuss
Willem E. Scherpenhuijsen Rom	1984–2005	
Jean-Lambert des Arts	1984–2005	
Paul Altenbach	1986–1996	Verwaltungsratsausschuss. Vizepräsident 1986 bis 1996
Alfred Frischknecht	1987–2008	Verwaltungsratsausschuss.* Präsident 2006 bis 2008
Marc Desaules	1987–1995	
Reto Doppmann	1992–1998	
Christa Seiler	1996–2004	Verwaltungsratsausschuss 1996 bis 1998
Rembert Biemond	1996–2006	Verwaltungsratsausschuss*
Marianne Schubert	1996–2005	

Name	Dauer des Mandats	Bemerkungen
Doris Weiss	1996–2006	Verwaltungsratsausschuss* ab 1996. Präsidentin 2000 bis 2006. Stiftungsrat 2001 bis 2004
Donald Vollen	1999–2005	Verwaltungsratsausschuss*
Martin Niggli	2000–2005	
David Rhiner	2006–2008	
Felix Staub	2005–2017	Präsident 2008 bis 2017
Margrit Bühler	ab 2006	Vizepräsidentin ab 2012
Philip E. Jacobsen	ab 2008	
Andrea Motte Hatebur	2008–2016	
Rainer Menzel	2008–2012	
Mathias Forster	2013–2016	

* Der Verwaltungsratsausschuss wurde Ende April 2005 aufgelöst. Siehe den Geschäftsbericht 2005.

III. Geschäftsleitungsmitglieder der Freien Gemeinschaftsbank von 1984-2017*

Name	Dauer der Mitarbeit	Mitglied der Geschäftsleitung
Annegret Drenkhahn	1984–2003	1984–2003
Paolo Wegmüller	1984–2009	1984–2004
Christof Hatebur	1992–2006	1999–2006
Markus Jermann	2002–2015	2004–2014
Nathalie Pedrocchi	ab 2004	ab 2013
Jean-Marc Decressonnière	ab 2006	ab 2013
Max Ruhri	ab 2010	ab 2013

* nach Eintrittsjahr

IV. Stiftung Freie Gemeinschaftsbank – Stiftungsratsmitglieder 2001 bis 2017

Name	Stiftungsrat von – bis	Bemerkungen
Christof Hatebur	2001–2007	Präsident
Christoph Langscheid	2001–2004	Austritt Mitte 2004
Paolo Wegmüller	2001–2006	Übernahme der Geschäftsstelle ab Mitte 2004 bis 2012
Doris Weiss	2001–2004	Austritt Mitte 2004
Markus Jermann	2006–2017	2014 bis 2017 Delegierter des Stiftungsrates
Willi Schweighauser	2006–2011	
Alfred Frischknecht	2007–2011	Präsident
Felix Staub	2007–2016	2012 bis 2016 Präsident
Philip E. Jacobsen	2012–2015	
Margrit Bühler	ab 2014	ab 2016 Präsidentin
Max Ruhri	ab 2014	
Markus Hildbrand	ab 2018	

Quelle: Archiv FGB

Anmerkungen

1 Rudolf Steiner: *Nationalökonomischer Kurs* (GA 340), Dornach [6]2002, S. 91.
2 Rudolf Steiner: Vortrag vom 22. Juni 1919, in: *Geisteswissenschaftliche Behandlung sozialer und pädagogischer Fragen* (GA 192), Dornach [2]1991, S. 217.
3 Ausführliches Protokoll der Besprechung vom 15. Oktober 1919, in Hans Kühn: *Dreigliederungs-Zeit. Rudolf Steiners Kampf für die Gesellschaftsordnung der Zukunft*, Dornach 1978, S. 96.
4 Rudolf Steiner: *Leitgedanken für eine zu gründende Unternehmung*, in: *Aufsätze über die Dreigliederung des sozialen Organismus und zur Zeitlage 1915–1921* (GA 24), Dornach [2]1982, S. 460f. Der Text war schon im März 1920 Teil des ersten Prospekts der Unternehmungsgründung von Der Kommende Tag AG.
5 Rudolf Steiner: *Die Kernpunkte der sozialen Frage in den Lebensnotwendigkeiten der Gegenwart und Zukunft* (GA 23), Dornach [6]1976, S. 92.
6 Ebenda, S. 137.
7 Rudolf Steiner: *Die soziale Grundforderung unserer Zeit. In geänderter Zeitlage* (GA 186), Dornach [3]1990, S. 167.
8 Zu Steiners Neufassung wirtschaftlich-sozialer Begriffe siehe auch den schon erwähnten *Nationalökonomischen Kurs* vom 24. Juli bis 6. August 1922 in Dornach (GA 340) und parallel dazu sechs Besprechungen mit den Teilnehmern (*Nationalökonomisches Seminar. Aufgaben einer neuen Wirtschaftswissenschaft*, GA 341) vom 31. Juli bis 5. August 1922.
9 Ende des 20. Jahrhunderts gab es beispielsweise 178 Waldorfschulen in Deutschland, 39 in der Schweiz und 877 weltweit. Vgl. dazu: *Waldorfpädagogik weltweit*, hrsg. von den Freunden der Erziehungskunst Rudolf Steiners, Berlin 2001, S. 24ff.
10 Um nur die in den Siebzigerjahren neu erschienenen Zeitschriften zu nennen: Die Schweizer Vierteljahresschrift *Aus der Arbeitsgemeinschaft für angewandte Sozialökonomie* (ab 1972), die norwegische Publikation *Josefine* (ab 1972), in den Niederlanden der *Triodosbericht* (ab 1973), in Deutschland die *Ständige Korrespondenz* (ab 1973), *Das Wesentliche im Zeitgeschehen* (ab 1974), in den Niederlanden *Driesprong* (ab 1974) und *Driegonal* (ab 1975), in Frankreich *Trinamis* (ab 1975),

sowohl in den Niederlanden als auch in Deutschland *Info 3* (ab 1976), *Bausteine für eine soziale Zukunft* (ab 1977), in England *New Economy* (ab 1979). Vgl. Götz Deimann (Hrsg.): *Die anthroposophischen Zeitschriften von 1903 bis 1985,* Stuttgart 1987.

11 Die Triodos Bank wurde erst 1980 gegründet. Seit damals erscheint der *Bankspiegel* der Bochumer Bankinitiativen.

12 Joseph Huber: *Astral-Marx. Über Anthroposophie, einen gewissen Marxismus und andere Alternativen,* in: *Kursbuch,* 55, März 1979, S. 139 und 159.

13 Gisela Reuther (1924–2013), Steuerberaterin und Mitinitiatorin der Gemeinnützigen Treuhandstelle e.V. (GTS), heute GLS Treuhand, aus der 1974 auch die GLS Gemeinschaftsbank hervorging. 1977 wurde sie in den Vorstand der Allgemeinen Anthroposophischen Gesellschaft als Schatzmeisterin berufen. Ab 1977 wirkte sie auch maßgeblich an der Gründung der Freien Gemeinschaftsbank mit.

14 Gisela Reuther, zitiert nach www.gls-treuhand.de, Menüpunkt: Geschichte / Wie alles begann ...

15 Rolf Kerler (1941–2015), von 1968 bis 1989 geschäftsführendes Mitglied des Vorstands der Gemeinnützigen Kredit-Garantie-Genossenschaft (GKG), der GLS Treuhand und ab 1974 der GLS Bank. 1988 wird er Vorstandsmitglied und Schatzmeister der Allgemeinen Anthroposophischen Gesellschaft mit Sitz in Dornach (Schweiz). Von 1984 bis 2004 ist er Mitglied des Verwaltungsrats der Freien Gemeinschaftsbank Genossenschaft.

16 In der ersten Aufsichtsratssitzung am 1. Mai 1966 wurde der Vorstand gewählt. Ihm gehörten Wilhelm Ernst Barkhoff, Gisela Reuther, Friedhelm Dörmann (Lehrer an der Rudolf Steiner Schule Ruhrgebiet) und Alfred Lindemann (Direktor der Commerzbank Bochum) an. Alfred Rexroth war Mitglied des Aufsichtsrats.

17 Hilmar Dahlem: *Soziale Phantasie in der Praxis. Gründung und Entwicklung der Bochumer Bankeinrichtungen,* Diplomarbeit am Institut für Waldorfpädagogik Witten-Annen, 1996, S. 46.

18 Rudolf Steiner: *Soziale Ideen – Soziale Wirklichkeit – Soziale Praxis,* Bd. 1 (GA 337a), Dornach 1999, S. 190.

19 Eine «Neue Bank» war schon 1965 unter Beisein von Friedrich Hiebel vom Dornacher Vorstand der Allgemeinen Anthroposophischen Gesellschaft geplant worden. Doch verweigerten maßgebende Mitglieder der deutschen Landesgesellschaft mit Blick auf die in den Zwanzigerjahren gescheiterten Unternehmungsassoziationen *Der Kommende Tag AG* und *Futurum AG* ihre Unterstützung. In den fünf Jahren ihres Bestehens war es jedoch nicht zur Gründung der von Steiner vorgeschlagenen Bank gekommen. Vgl. Hilmar Dahlem: *Soziale Phantasie in der Praxis. Gründung und Entwicklung der*

Bochumer Bankeinrichtungen, Diplomarbeit am Institut für Waldorfpädagogik Witten-Annen, 1996.

20 Gegründet am 11. März 1974. Im Gründungsvorstand waren Wilhelm Ernst Barkhoff, Albert Fink, Rolf Kerler und Gisela Reuther. Vgl. Hilmar Dahlem: *Soziale Phantasie in der Praxis. Gründung und Entwicklung der Bochumer Bankeinrichtungen,* Diplomarbeit am Institut für Waldorfpädagogik Witten-Annen, 1996.

21 Jahresbericht der Bürgschaftsgenossenschaft zur Förderung freier Initiativen, Dornach 1978, S. 2.

22 Gründungsmitglieder waren Anna Fader, Richard Grob, Erdmuth Grosse, Hans Hasler, René Harrer, Willi Lebküchner, Werner Meyer, Gisela Reuther, Michael Theurillat, Arnold Zeindler und Wilhelm Ziegler. Gisela Reuther wurde Präsidentin, René Harrer Vizepräsident. Schrift- und Rechnungsführerin wurde Anna Fader. Mitglied des Vorstands war ab Dezember 1978 auch der angesehene Professor für Wirtschaftskriminalität Carl Wunderlin, der bei der Vorbereitung der Bankgründung in den folgenden Jahren eine entscheidende Rolle spielen sollte.

23 Zu den Mitgliedern zählten auch Hagen Biesantz und Friedrich Hiebel aus dem Vorstand der Allgemeinen Anthroposophischen Gesellschaft. Schon im November 1978 kamen zur Unterstützung sechs Mitarbeiter der Bochumer Bankeinrichtungen hinzu, darunter die Vorstandsmitglieder Albert Fink, Rolf Kerler und Paul Mackay.

24 Siehe den Jahresbericht der BfI, 1979.

25 Daran schloss sich die Suche nach einer Einrichtung an, die den Richtlinien für eine Steuerbefreiung von Schenkgeld und dessen Verwaltung im gemeinnützigen Sinne entsprechen würde. Siehe Gisela Reuther und René Harrer: *Bürgschaftsgenossenschaft zur Förderung freier Initiativen Dornach,* Gespräch mit René Harrer 1979/80, S. 10.

26 Johann Heinrich Pestalozzi (1746–1827), zitiert nach Heribert Prantl: *In die Speichen greifen,* in: *Süddeutsche Zeitung* vom 4. Oktober 2012, S. 4.

27 Rudolf Steiner: *Geisteswissenschaft und soziale Frage,* in: *Lucifer – Gnosis. Grundlegende Aufsätze zur Anthroposophie und Berichte aus den Zeitschriften «Luzifer» und «Lucifer – Gnosis» 1903–1908* (GA 34), Dornach [2]1987, S. 206.

28 Die EBK wurde 2007 ersetzt durch die neu strukturierte Finanzmarktaufsicht FINMA.

29 1935 war die Wir-Bank als vorläufig letzte Genossenschaft gegründet worden. Die erste Raiffeisenbank in der Schweiz entstand 1899, zehn Institute gründeten 1902 den Raiffeisenverband.

30 Carl Wunderlin (1914–2002), langjähriger Basler Untersuchungsrichter und Staatsanwalt, der die Abteilung für Wirtschaftskriminalität aufbaute und leitete. Er klärte zum Beispiel 1970 den Skandal um die UCB-Bank auf, die bei Kakao-Termingeschäften Spekulationsverluste verbuchen musste, die der Hälfte ihrer Bilanzsumme entsprachen. Seine Mitarbeit in der Bürgschaftsgenossenschaft bei der Vorbereitung der Bankgründung war entscheidend. Er nahm das Amt des Präsidenten des Verwaltungsrats in den ersten beiden Jahren der Freien Gemeinschaftsbank wahr. Am 19. Mai 1984, kurz nach deren Gründung, feierte er seinen 70. Geburtstag. Bei dieser Gelegenheit wurden seine Leistungen von der Basler Zeitung ausführlich gewürdigt. Siehe *Basler Zeitung,* 117, vom 19. Mai 1984, S. 29.

31 Karl Wunderlin in einem Schreiben im Auftrag der Bürgschaftsgenossenschaft zur Förderung freier Initiativen an die Eidgenössische Bankenkommission am 14. Juni 1983, S. 10/11 (Archiv Freie Gemeinschaftsbank).

32 Schreiben des Eidgenössischen Amts für das Handelsregister an die Bürgschaftsgenossenschaft zur Förderung freier Initiativen Dornach vom 9. April 1984 (Archiv Freie Gemeinschaftsbank). Auf dieses Hindernis stieß auch die sechs Jahre später in Olten gegründete *Alternative Bank.* Auch ihr wurde der Zusatz «Schweiz» nicht gestattet. Sie verschlüsselte diesen aber in dem Kürzel «ABS» und firmierte als *Alternative Bank ABS,* was offenbar in der Folge geduldet wurde. Vgl. Mario König und Aglaia Wespe: *Die Geschichte einer außergewöhnlichen Bank: Die Alternative,* Olten 2006, S. 20.

33 Schreiben der Bürgschaftsgenossenschaft zur Förderung freier Initiativen Dornach an das Eidgenössische Amt für das Handelsregister vom 13. April 1984 (Archiv Freie Gemeinschaftsbank).

34 Alle Zitate stammen aus einem Schreiben von Wilhelm Ernst Barkhoff an den Vorstand der Allgemeinen Anthroposophischen Gesellschaft vom 30. März 1983 (Archiv Freie Gemeinschaftsbank).

35 Schreiben von Gisela Reuther und Rudolf Grosse an die Schweizer Delegierten, undatiert (April / Mai 1983, Archiv Freie Gemeinschaftsbank).

36 Anna Fader, Arlesheim, in einem Schreiben an den Vorstand der Allgemeinen Anthroposophischen Gesellschaft am Goetheanum vom 15. April 1983 schon vor der Zusammenkunft der Delegierten der Schweizer Zweige (Archiv Freie Gemeinschaftsbank).

37 Anna Fader im genannten Schreiben. Ähnlich Walter Walliser, der sich zum Sprecher des Unbehagens machte, in seinem Schreiben an den Vorstand der Anthroposophischen Gesellschaft in der Schweiz vom 13. Mai 1983 (Archiv Freie Gemeinschaftsbank).

38 Die Anthroposophische Gesellschaft in der Schweiz hatte zum Gründungszeitpunkt der Bank rund 4500 Mitglieder (Dokumentation am Goetheanum).
39 Siehe Anhang I, S. 95.
40 Rudolf Tanner, der aktiv an den Vorbereitungen teilgenommen hatte, musste sich schon im Mai 1984 aus gesundheitlichen Gründen zurückziehen.
41 Bericht vom 13. Februar 1984 über den Besuch vom 10. Februar 1984 beim Schweizer Verband der Raiffeisenkassen St. Gallen (Archiv Freie Gemeinschaftsbank).
42 Basierend auf dem *Geschichtlichen Abriss zur Freien Gemeinschaftsbank,* III, 3, o. J., und einem Gespräch mit Annegret Drenkhahn und Paolo Wegmüller vom 21. März 2013.
43 Schreiben von Gisela Reuther an den Verwaltungsratsausschuss der Bürgschaftsgenossenschaft zur Förderung freier Initiativen, Dornach, vom 28. März 1984 (Archiv Freie Gemeinschaftsbank). Siehe auch Andrea Motte: *«Wenn man etwas verändern möchte, dann muss man es selbst in die Hand nehmen!",* in: *transparenz. Die Kundenzeitschrift der Freien Gemeinschaftsbank Genossenschaft,* 66, Juli 2013, S. 14.
44 Liste der Gründungsmitglieder siehe Anhang I, S. 95.
45 Der Wortlaut seiner Ansprache ist nicht überliefert. Ausführlich äußerte sich Manfred Schmidt-Brabant auf der Generalversammlung der Genossenschaft zum zehnjährigen Bestehen der Bank am 16. April 1994. Sein Vortrag wurde in leicht redigierter Form veröffentlicht: *Spirituell verstandenes Bankwesen. Geld – im Dienste des Menschen,* Dornach 1995.
46 Beschluss der Generalversammlung vom 27. April 2013. Gleichzeitig wurde beschlossen, die Mindestzahl an Mitgliedern des Verwaltungsrats, die jeweils für vier Jahre gewählt werden, von fünf auf drei zu reduzieren.
47 Paolo Wegmüller in einem Gespräch mit dem Autor vom 21. März 2013. Paolo Wegmüller prägte die Arbeit der Freien Gemeinschaftsbank als Geschäftsführer von 1984 bis 2003.
48 Siehe *Mitteilungen aus dem anthroposophischen Leben in der Schweiz,* XII, Dezember 2011, S. 16, und Archiv der Freien Gemeinschaftsbank, Basel.
49 Vorläufer der heutigen Zeitschrift *transparenz.*
50 Unabhängige Schweizer Organisation, die sich für die weltweite Achtung der Menschenrechte einsetzt und international Missstände bekämpft, die in der Schweiz ihren Ursprung haben. Sie geht auf ein Manifest von 1968 zum Thema «die Schweiz und die Entwicklungsländer» zurück. 1971 wurde die «Erklärung von Bern» als Verein konstituiert, der sich seit 2016 «Public Eye» nennt.

51 Der Wertpapierhandel hat zwar den Aktionär weitgehend von «seinem» Unternehmen entfernt. Doch in dem verewigten Rechtsanspruch auf die Dividende wirkt der alte privatrechtliche Eigentumsbegriff weiter.

52 Siehe den 14. Rundbrief von Anfang Februar 1989.

53 Nach den Angaben der Schweizerischen Nationalbank (SNB).

54 Durchschnittszinssätze inländischer Hypothekarforderungen jeweils zum Jahresende (Quelle: Schweizerische Nationalbank).

55 Die bankgesetzliche Verpflichtung zur Reservehaltung von Liquidität und sonstigen Reserven führt dazu, dass die Freie Gemeinschaftsbank Wertpapierdepots mit vorwiegend festverzinslichen Papieren bei anderen Banken halten muss. Deren Verzinsung kann einen nicht unwesentlichen Beitrag zum Bankbudget leisten.

56 Aus dem *Rundbrief* vom September 1992, S. 3, sowie den jährlichen Geschäftsberichten.

57 Siehe Artikel 2, Absatz 1a der Statuten.

58 Max Ruhri: *Aspekte eines erweiterten Bankwesens,* Master-Thesis zur Erlangung des akademischen Grades Master of Banking and Finance (MBF), Donau-Universität Krems, 17. März 2013. Ruhri ist seit 2010 Mitarbeiter und seit 2013 Mitglied der Geschäftsleitung bei der Freien Gemeinschaftsbank.

59 Schreiben an die Mitarbeiterinnen und Mitarbeiter vom 3. März 2003 (Archiv Freie Gemeinschaftsbank).

60 Willi Schweighauser trat 2012, nach 28 Jahren Mitarbeit im Verwaltungsrat, aus gesundheitlichen Gründen zurück. Er starb am 27. Juli 2014. Seine bescheidene, doch wirkungsvolle Arbeit wurde von Andrea Motte gewürdigt. Vgl. Andrea Motte: *Betreuer, Berater und Begleiter der Bank – Gedenken an Willi Schweighauser,* in: *transparenz,* 69, Februar 2015.

61 Protokoll der Generalversammlung vom 29. April 2006 (Archiv Freie Gemeinschaftsbank Basel).

62 David Rhiner schied nach einem Jahr wieder aus. Vgl. Anhang II.

63 Rudolf Steiner: *Nationalökonomischer Kurs* (GA 340), Dornach ^{6}2002, S. 137f.

64 Endlich hatte sich der Internationale Währungsfonds entschlossen, eine Studie zur Ungleichheit der Einkommen zu veröffentlichen. Entgegen der liberalistischen Theorie vom «Streueffekt», der vom wachsenden Reichtum der Reichen positiv auf das allgemeine Wirtschaftswachstum ausgehen würde, mindere die Bereicherung der Reichen das Wirtschaftswachstum. Mehr noch: In den dreißig Jahren von 1980 bis 2010 hat das Einkommen des reichsten Prozent der Bevölkerung je nach Land von 5 bis 8 Prozent des gesamten Volkseinkommens auf bis zu 18 Prozent zugenommen.

65 Jubiläumsausgabe der Zeitschrift *transparenz,* 58, Juli 2009.

66 Aus der *Mission der Freien Gemeinschaftsbank* vom 13. März 2017, die als Grundlage zur Entwicklungsperspektive erarbeitet wurde.

67 Sieben Mitarbeiterinnen und Mitarbeiter haben sich zu Gesprächen bereit erklärt, die im Juni 2015 stattfanden. Die Mehrzahl der Mitarbeitenden war seit fünf und mehr Jahren in der Bank tätig, zwei seit vier Jahren, eine seit zwei Jahren. Vier Mitarbeitende waren 40 oder weniger Jahre alt, zwei in den Vierzigern, eine Mitte fünfzig.

68 Die drei Artikel stehen als PDF-Dokument auf der Homepage der Freien Gemeinschaftsbank zur Verfügung:
www.gemeinschaftsbank.ch/unsere-bank/ueber-uns/kundenzeitschrift-transparenz

69 Häufung von vergleichbaren finanziellen Engagements, deren kumulierter Umfang ein vertretbares Ausmaß übersteigt und zu einem überdurchschnittlichen Ausfallrisiko führt.

70 Siehe *Zukunftsforschung für Anfänger,* in: *transparenz,* 65, Januar 2013, S. 16, und Geschäftsbericht der Freien Gemeinschaftsbank 2012, S. 43.

71 Vgl. *transparenz,* 64, Juli 2012, und 66, Juli 2013, sowie den Geschäftsbericht 2013, S. 43.

Literatur

Backhaus Vink, Hildegard: *Marketingmix-Konzept für die Freie Gemeinschaftsbank Genossenschaft*, Basel 2015 (Diplomarbeit)

Dahlem, Hilmar: *Soziale Phantasie in der Praxis. Gründung und Entwicklung der Bochumer Bankeinrichtungen*, Diplomarbeit am Institut für Waldorfpädagogik Witten-Annen, 1996 (unveröffentlicht)

Dohmen, Caspar: *Good Bank. Das Modell der GLS Bank*, Freiburg 2011

Fink, Albert: *Bank als Schulungsweg. Die Entwicklung der Bochumer Bankeinrichtungen von den Anfängen bis in die 1990er Jahre*, Frankfurt am Main 2014

Freunde der Erziehungskunst Rudolf Steiners (Hrsg.): *Waldorfpädagogik weltweit. Ein Überblick über die Entwicklung der Waldorfpädagogik sowie der anthroposophischen Heilpädagogik und Sozialtherapie*, Berlin 2001

Huber, Joseph: *Astral-Marx. Über Anthroposophie, einen gewissen Marxismus und andere Alternativen*, in: *Kursbuch 55*, März 1979

Kerler, Rolf: *Was hat Geld mit mir zu tun*, Dornach 2000

Kerler, Rolf: *Was macht Geld?*, Dornach 2014

König, Mario, und Aglaia Wespe: *Die Geschichte einer außergewöhnlichen Bank: Die Alternative*, Olten 2006

Kühn, Hans: *Dreigliederungszeit. Rudolf Steiners Kampf für die Gesellschaftsordnung der Zukunft*, Dornach 1978

Plato, Bodo von (Hrsg.): *Anthroposophie im 20. Jahrhundert. Ein Kulturimpuls in biografischen Porträts*, Dornach 2003

Ruhri, Maximilian: *Aspekte eines erweiterten Bankwesens*, Krems 2013

Schmidt-Brabant, Manfred: *Spirituell verstandenes Bankwesen. Geld im Dienste des Menschen*, Dornach 1995

Schnuderl, Rudolf: *Landwirtschaftsfinanzierungen. Chancen, Risiken und Auswirkungen landwirtschaftlicher Finanzierungsinstrumente*, Möhlin 2013

Steiner, Rudolf: *Anthroposophie als Kosmosophie* (GA 207), Dornach [3]1990.

Steiner, Rudolf: *Geisteswissenschaft und soziale Frage,* in: *Lucifer – Gnosis. Grundlegende Aufsätze zur Anthroposophie und Berichte aus den Zeitschriften «Lucifer» und Lucifer – Gnosis»* (GA 34), Dornach ²1987
Steiner, Rudolf: *Geisteswissenschaftliche Behandlung sozialer und pädagogischer Fragen* (GA 192), Dornach ²1991
Steiner, Rudolf: *Die Kernpunkte der Sozialen Frage in den Lebensnotwendigkeiten der Gegenwart und Zukunft* (GA 23), Dornach ⁶1976
Steiner, Rudolf: *Nationalökonomischer Kurs* (GA 340), Dornach ⁶2002
Steiner, Rudolf: *Nationalökonomisches Seminar* (GA 341), Dornach ³1986
Steiner, Rudolf: *Die neue Geistigkeit und das Christuserlebnis des zwanzigsten Jahrhunderts* (GA 200), Dornach ⁴2003

Bildnachweis

Konstanze Brefin Alt (Abb. 1); Herman Lutke Schipholt (Abb. 13); Jiři Vurma, Aarau (Abb. 9 und 10); Archiv Freie Gemeinschaftsbank (Abb. 2, 3, 7, 8, 15, 16); Biohof Rigi, Hessigkofen (Abb. 14); Horse House Nanny, Wyssachen (Abb. 11); Rudolf Steiner Archiv, Dornach (Abb. 4, 5, 6); Rudolf Steiner Schule Mayenfels (Abb. 12).

Danksagung

Es ist nun schon einige Jahre her, seit Markus Jerman mir vorschlug, eine Geschichte der Freien Gemeinschaftsbank zu schreiben. Das Manuskript hat viele Stadien durchlaufen, denn es ging nicht nur darum, Gewordenes darzustellen, sondern auch das Werdende im Gegenwärtigen in den Blick zu bekommen. Das hat nicht nur mit Dokumentenstudium zu tun, sondern mit der Mitwirkung der heute diese Initiative tragenden Menschen. Dadurch habe ich Mitarbeitende, Genossenschafterinnen und Genossenschafter, Bankleitung und Verwaltungsräte kennengelernt, deren Gesichtspunkte für mich von Bedeutung wurden. Ihnen allen gehört mein Dank dafür, dass ich das Leben dieser Bank und ihrer Stiftung eine Weile näher als üblich kennenlernen durfte. Ich habe gesehen – um es in Abwandlung des Mottos dieser Bank einmal so zu sagen –, wie Menschen miteinander unterwegs sind, denen das Menschsein und Menschbleiben ein wirkliches Anliegen ist.

Uwe Werner

1. Auflage 2018

www.zbindenverlag.com

Umschlagvorderseite: lendy16 (www.shutterstock.com)

Einbandgestaltung, Layout und Satz: Manfred Christ
Druck und Bindung: Theiss, St. Stefan

ISBN 978-3-85989-452-5

Der Autor

Uwe Werner, geboren 1941 in Danzig. Besuch der Waldorfschule in Hannover, Studium der Wirtschaftswissenschaften in Freiburg i. Br. und Paris sowie der Waldorfpädagogik in Dornach. Lehrer für Geschichte und Geografie an der Rudolf Steiner Schule Verrières-le-Buisson bei Paris. Arbeit mit lernbehinderten Jugendlichen in Reutlingen; freier Mitarbeiter der Forschungsstelle Kulturimpuls in Heidelberg und Dornach. Von 1995 bis 2011 Leiter der Dokumentation am Goetheanum, Dornach. Veröffentlichungen zu sozialen, geschichtlichen und politischen Themen: *Anthroposophen in der Zeit des Nationalsozialismus. 1933–1945* (München 1999) und *Rudolf Steiner zu Individuum und Rasse. Sein Engagement gegen Rassismus und Nationalismus* (Dornach und Berlin 2011). Veröffentlichungen: *Das Unternehmen Weleda 1921–1945. Entstehung und Pionierzeit eines menschengemäßen und nachhaltig ökologischen Unternehmens* (2014); *Waldorfschulen im nationalsozialistischen Deutschland* (2017).

Der Text entstand unter Beteiligung von

Hildegard Backhaus Vink (redaktionelle Mitarbeit und Bildbeschaffung)
Margrit Bühler (redaktionelle Mitarbeit und Textbeiträge)
Max Ruhri (Textbeitrag im Kapitel «Ausblick – Entwicklungsfelder für einen anderen Umgang mit Geld»)
Rafael Spiegel (Vorwort)
Mara Staudinger (Textbeitrag im Kapitel «Entwicklungsrichtung der Stiftung»)